力得文化
Leader Culture

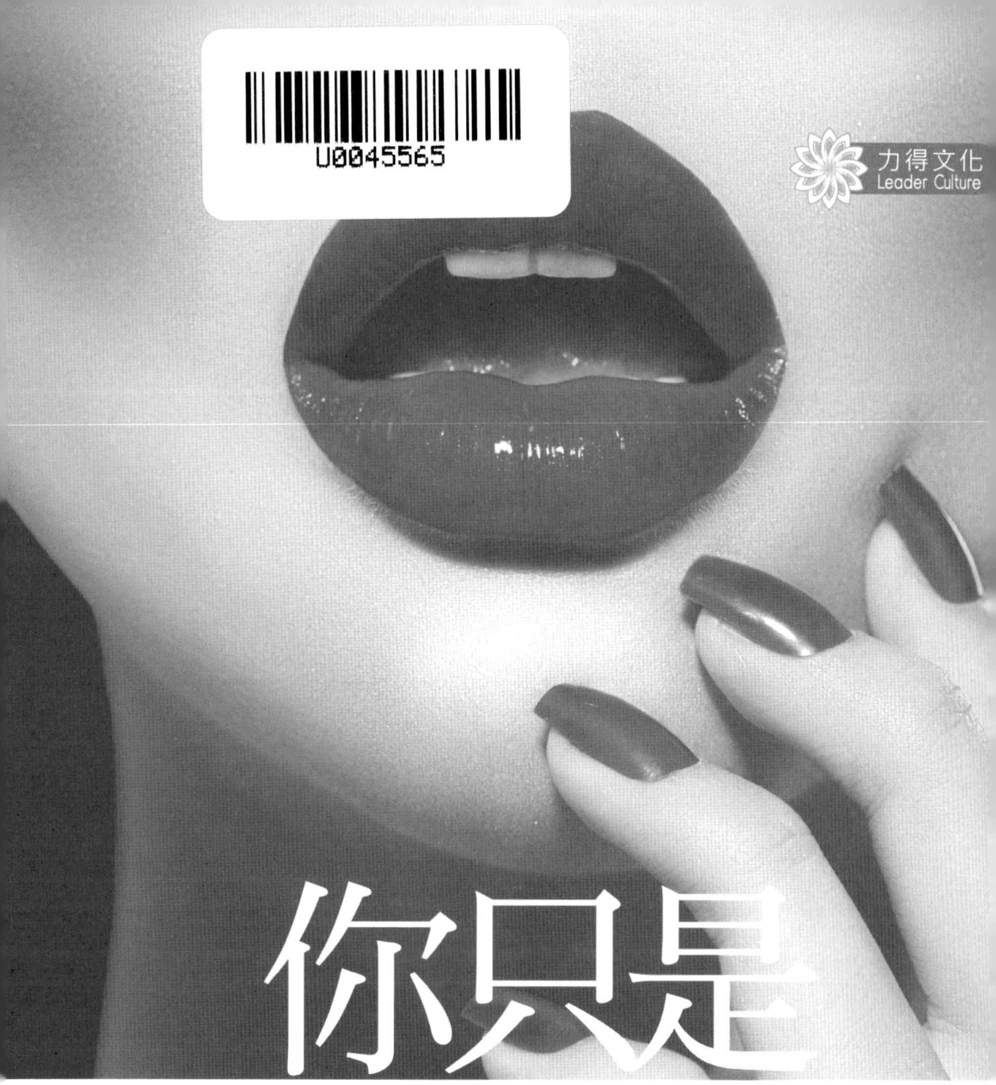

你只是不會表達

表達不清楚，說不出重點；溝通不到位，彼此生怨懟。
真正的會說話是源於內心善良；恰當的溝通則可以打開人心。

魯西西／著

編者序

只是因為不會表達，難道我們就要吃虧？

很久很久以前，孔老夫子曾說「友善柔」是損者三友之一，這說法讓未能透徹理解儒家精要的我們會不經意地將善於說花言巧語、甜言蜜語的人誤解成不安好心的壞人。

因為受到「沉默是金」的文化價值觀之薰陶，我們漸漸地不把內心感性的一面，透過言詞展現出來。

因為「在涅貴不緇，曖曖內含光」的含蓄態度，我們漸漸地不讓自己過於鋒芒畢露，開始擔心自己太求表現會被小人中傷，進而以為自己是潛藏的蛟龍，總有一天會飛龍在天，或以為自己是千里馬，待有一天能遇到伯樂的賞識而一鳴驚人。

只是，你什麼都說得含糊或是連話都說不清楚，又有誰願意當你的伯樂？又有誰肯支持你，促使你一飛衝天？

然而，我們會發現一些有趣的現象：比如，比較會吵鬧的孩子，往往能先得到糖吃，反觀那些惦惦吃三碗公的孩子，或許總在準備要得到獎賞時，才發現糖果早已被其他人拿光了；比如，我有一些各項條件優異的女性朋友，她們的擇偶條件是——對方要擅長說話，幽默風趣，最好還要會點才藝。

藉由這類生活事例和社會現象，我們不禁會感到困惑——中華文化的精髓怎會這麼不適用於現今社會？難道真的是「會吵的孩子才有糖吃」？難道真的是「男人不壞，女人不愛」？難道含蓄內向的人就無法在二十一世紀生存了嗎？

只是因為不會表達，我們也許有很多創意和發想，卻礙於口拙而無法將靈感發揮；只是因為不會表達，我們也許有很深愛的人，卻礙於口拙而無法將情感表露；只是因為不會表達，我們也許很有才能和幹勁，卻礙於口拙而無法將能力展現。

「表達」看似只是一種包裝，其實潛在功能可不小。你相信嗎？擁有良好的表達能力，將能讓你更具吸引力，能使你的個人特質最妥善地顯現，而懂得掌握優異的說話技巧，將能讓你轉換命運與機遇。

「表達」看似只是一種能力，其實觸及範圍可不小。你知道嗎？話說得好，另一半會對你更體貼溫柔；話說得巧，老闆會對你更賞識器重；話說得妙，朋友會對你更珍惜在乎，所以，把話說好真的非常重要。

我們不妨坦承自己不太會說話，而為了避免在都市叢林中得啞口無言地生活著，我們必須掌握好說話態度和說話方式，用最高效能的說話術，打造出最高品質的生活，讓自己過上最高規格的人生。

本書不僅闡述了「表達」的重要性與功效，更將「表達」與各種生活事例結合，透過淺顯易懂的小故事，帶出「把話說好、把日子過好」的精神、氣度，讓讀者能從中獲得啟發，不再覺得把話說好是件困難的事。

願善良又聰慧的讀者們，能夠懷抱著善念、善意，把話語說得精采，將能力展現得淋漓，就讓我們一起做內心強大又妙語如珠的能力者，具備強心臟、挾帶好心情地把生命點綴得圓滿完美吧！

作者序

人們對於EQ的誤會

我在網路上分享「溝通技巧」時，看到有個網友說：「我才不管什麼EQ呢！整天要委屈自己去迎合別人，說些言不由衷的話，這麼虛偽到底累不累啊！」

有些人認為，在溝通中講技巧、講EQ就是不真誠。其實，這是一種誤會。

某一天，我在一場活動中遇到一位前同事。我對他的印象有點不好，他曾經在背後說過我的壞話，不巧，壞話又傳到我耳裡。

然而，我需要告訴他「我不喜歡你，因為我知道你在背後講過我的壞話」嗎？如果我這麼說的話，勢必導致兩人不歡而散。

那麼，面對彼此可能都對對方懷有輕微敵意的人，我該和他聊什麼好呢？

我想了一下，這個人雖然給我種種不好的印象，但我記得他還是做過好事。

有一次，一位同事的媽媽生病了，去他工作所在的醫院看病。同事打電話請他幫忙，他不僅熱心地替同事的媽媽掛號、找醫生，還花了一個上午的時間熱情地陪同事的媽媽做檢查、診斷、取藥……直到就診結束。

於是，我決定和他聊這件事——聽說上次某某的媽媽去你們醫院，你陪同了一整個上午，我知道這件事後覺得挺感動的。你那麼忙，本來沒必要這麼做，一般人頂多帶人家到醫生那兒打聲招呼也就夠了。估計有很多熟人來醫院找你幫忙吧！你忙得過來嗎？

我這麼一說，他馬上高興地告訴我，他是怎麼想的，他為什麼要這樣做，之前他還幫助過哪些人……

這次交談，讓我們對彼此有了新的認識。我發現，他其實沒有我想的那麼討厭，反而是個熱心且仗義的人。拋開之前的成見，我們成了好朋友。一次恰當的溝通，是可以打開人心的。

那麼，我虛偽嗎？

我對他的讚美以及我對這件事所表達的態度，百分之百都是真誠的，我只是有意迴避了可能會令我們產生不愉快的話題。

為什麼非要和別人聊不愉快的話題？那樣也會令自己不愉快。即使面對不那麼喜歡的人，也可以找個愉快的話題來展開溝通。而真正的會溝通，並不是要你說謊或是恭維人。要知道，虛偽的恭維不僅委屈自己，也無法打動對方。每個人都有他的亮點，你只要贊同他的某一方面就可以了。

溝通有技巧，EQ也可以練習、培養，就讓我們從頭開始吧！

編者序
作者序——人們對於ＥＱ的誤會

第一章　心理調適——做人要懂心理學

負面情緒是快樂的催化劑　014
克服浮躁心理：將小事做到最好　018
偏執人格：你在逆行卻渾然未覺　022
黑暗的蝴蝶效應　026
焦慮心理：影響你情緒的是境遇　030
端正態度：溫柔溝通的關鍵　033
同情心理：不要輕易相信跪著的人　037
豁達心理學：面對悲慘的生活　044
原來你是這樣的神經病　046
你的行為真的理所應當嗎？　051
「我做」比「我想」更有效　054
感謝那些曾幫助過你的人　056

惱羞成怒型：裝聾作啞也是一種體貼 058
有一種能力，你一定要放棄 061
只有弱者才對生活放狠話 065
不做作，會不會死？ 068
不妨坦誠自己的真正需求 071
炫耀之心，是你溝通時的弱點 074
你的外表看起來很貴，思想卻很廉價 077

第二章 會說話是個技術活

自己有能力，溝通才夠力 082
糾結症患者的自述 085
從來沒有一份委屈是應該的 089
條條大路通羅馬，可是你此刻在哪裡 094
「潛臺詞」表達法，使溝通更有效 099
EQ高就會懂得怎樣發脾氣 104
懂得管理情緒才是聰明人 108

安慰對方要巧用「順從心理」 112
別人不會教你的是——人生如戲，全靠演技 116
千萬別做一個說話「太」幽默的人 120
這是你在年輕時值得去犯的錯 123
炫耀，也要等風來了才行 126
不要急於否定一切 129
高品質示範是最好的溝通 133

第三章 叢林生存的心理攻略

洞悉人性：別掉入朋友的陷阱 138
不忍耐，不強求 141
別讓「短視」害了你 144
提高EQ就這麼簡單 147
把話題「拋」給對方 151
我自善良，當有力量 154
學會好好說話 158

別輸在「懶得說話」上 163
人人都有表達欲 166
批評是一種善意的關懷 169
看到這個原因，再也不敢抱怨了 173
我們是怎樣把天聊「死」的 176
不瘋狂不成活 180
「勸合不勸離」的溝通法 183
自私心理：強人所難不可取 186
「找碴心理學」，害人又害己 189
當有人總是索取讚美 193

第四章 情感經營心理學——與人相處事半功倍

別讓尊重「遲到一會兒」 196
友情中不只有包容和責備 198
讓「調皮搗蛋孩子」自己成長 201
付費是最低成本的求助方式 204

來一場心靈的溝通 206
這件事情沒有標準答案 211
做個有趣的人 215
共鳴是溝通的潤滑劑 218
這是你的逆反心理在作怪 221
別人的才是最好的 225
讓人不假思索地認同你 229
你得了一種很流行的病 232
請扔掉你的遮羞布 235
圈套雖好，濫用也有害 238
拒絕溝通，你只能淪為試吃品 241
別再斤斤計較地做人 244
你需要的不是物質而是自由 248
結語——做個內心強大的人 252

第一章

心理調適——做人要懂心理學

多少人以這份工作不是自己喜歡的為由，
允許自己敷衍人生；
多少人以這種生活不是自己想要的為由，
允許自己墮落頹廢地混日子。

一個人之所以優秀，
不是你在自己最喜歡的工作上做到最好，
而是在毫無選擇的情況下也不放棄努力。

負面情緒是快樂的催化劑

一位網友問：怎樣才能時時保持好心情？

回覆中各種出謀獻策，有人建議他保持充足的睡眠，有人建議他每天對著鏡子讚美自己，有人建議他多吃能令人快樂的食物……來自各行各業的精英，從科學、醫學、心理學等不同角度解答了這個問題。

我不管什麼科學道理，則是以一貫無厘頭的角度回答：親，這是個偽命題。

在這個世界上，沒有人可以時時保持好心情，無論多有智慧、內心多麼強大的人，都無法讓自己一直快樂。

亦舒說：「我每天快樂的時間加起來有三十分鐘，已經是奇蹟了。」所以，就算你照著前面所有人給你的方法去做，你也無法避免壞心情！

因為，這就是人生。憂傷是人生的底色。

你要學會去接受每個人都會心情不好的這個事實——在你心情不好的時候，也要平靜地享受不夠美好的心情。不要徒勞地去與它抗爭，也不要總想著：我為什麼不快樂？我要怎麼變快樂？

就像失眠的夜晚，我會讓自己愉快地接受失眠，不妄圖與它作戰，我不打算打敗它，而是坦然地和它共處。每次睡不著的時候，我只想，太好了，因為失眠，我的時間變多了，我可以去做我平時沒時間做的事。

失眠的時候，我會看書、吃東西，享受一個寂靜的夜晚，直到想睡了再睡。據說，那些大人物和工作狂每天只睡三到五個小時，也一樣長命百歲。我想，偶爾一次沒睡，也沒有什麼好擔心的吧？結果，失眠就悄悄地溜走了。

如果你總想著失眠，不僅會被失眠所傷，更會遭受因失眠所帶來之焦慮的二度傷害。

不快樂也是如此。

企圖強行讓自己變快樂的人，反而會因為不快樂更不快樂，為不快樂做的所有努力，只不過是為自己提供更多庸人自擾的方法。

幾年前，我的一位朋友因為生意失敗，虧了很多錢。他情緒低落，我安慰他：「如果你此刻已經到了谷底，那我反而要恭喜你，因為你很快就會觸底反彈了。」

人生如股市，有漲就有跌，有低就有高。想變成一條直線，那怎麼可能！除非你死了。情緒也是相對的，只有經歷痛苦，才能感知快樂。就像經歷下雨天，才會迎來彩虹，也因為有陰天的存在，晴天才變得彌足珍貴。

幸福從哪裡來？幸福不從幸福中來，而是從痛苦中來。幸福不是天生的，因為有了痛苦，幸福才能成為幸福。

這些話很難懂，舉例說明之：很多人說健康就是最大的幸福，可惜這種幸福，正常人往往感受不到。

直到某天，你去醫院體檢，醫生說你罹患了惡性腫瘤，你的情緒忽然一下子跌入谷底，瞬間痛苦至死。於是你以淚洗面、生無可戀，毫無快樂可言地度過了人生最痛苦而漫長的一週。

不料，換了一家醫院做檢查，結果又告訴你，你沒得癌症，之前是誤診。就這麼簡單的一句話，「噹」的一聲，把你推上了雲端，你體會到前所未有的最大快樂。

所以，快樂來自於比較，來自於對你的人生無傷根本的痛苦，就像你懂得金錢的快樂，是因為你經歷過貧窮。

有錢的富二代肯定不會因為中獎獲得五百萬而欣喜若狂，但是你會啊！難道給你的錢是錢，給富二代的錢就不是錢嗎？當然不是，是因為富二代一出生就有錢，他們在這種狀態中生活得麻木了。

當你感到悲傷的時候，請盡情享受你的悲傷，享受流淚的感覺，並在心裡告訴自己：感謝老天，我的心還沒有變得麻木。因為快樂最大的敵人，不是痛苦，而是麻木。

任何長期保持同一種情緒的人，都會變得麻木。老天為了讓你感受快樂的存在，才讓你的人生高潮迭起、時好時壞。不會一直好，也不會一直壞，保持一定的痛苦是快樂的秘訣。

就像你會因為吃一頓大餐而快樂，是因為那些好吃的你很久沒吃了。你要是天天吃好吃的，久而久之，好吃的也會變得不好吃。對於美食最好的享受就是淺嘗輒止——暴飲暴食最終會讓自己食不知味。

人生最好的體驗，是喜憂參半，天天總想方設法去找樂子的人，最後肯定會對生活感到無聊至極。

然而每則童話故事就只能寫到這便結束——王子和公主從此過著幸福快樂的生活。因為，這是他們的愛情苦盡甘來的高潮。再往後，快樂會每況愈下，他們會在幸福快樂的生活中麻木，從而產生新的不快樂。

所以，要為大團圓故事寫續集的人，總會在一開始給主角製造全新的苦難和繁瑣的麻煩，這是為什麼呢？難道人們只愛看苦難和麻煩的情節嗎？

不，是因為寫故事的人知道，最大的快樂不是來自於一帆風順，而是來自於苦盡甘來。開頭越痛苦，結尾的圓滿才顯得彌足圓滿珍貴，結局的快樂才會更歡騰喜悅。

只想擁有好心情的人，就像是只想讓天氣變得只剩晴天而沒有雨天；就像是只想讓日子只有白天而沒有黑夜。

但是，痛苦才是快樂的源泉。因此，當你感覺痛苦時，請安靜地享受它，因為這正是快樂要來臨的前奏。

克服浮躁心理：將小事做到最好

一個孩子的媽媽對我說：「我也想變得更好，可我只讀到國中，僅能找到營業員的工作。受自身條件限制，我再努力也沒有用，沒有辦法改變現狀。」

有這樣想法的人，覺得努力沒什麼用，而不想浪費力氣，所以總是做一天和尚撞一天鐘。

如果你只能做營業員，那麼，我們來想像一下——你是全區乃至全國最好的營業員……呃，不要笑，請看下面的案例：

不知道從什麼時候開始，小區招了很多中年人做交通警察。

這是一份辛苦而低薪的工作。我每天都會看到很多交通警察站在馬路口揮舞著小旗子指揮交通，少部分會躲在遠方的大樹下聊天、乘涼，甚至有些還可能會跟行人發生激烈爭執。

不遵守交通規則的人若不肯聽交通警察的話，回了句「你管我？你算老幾？」雙方可能就吵了起來。

有段時間，我時常經過楊橋路與二環路的交叉路口，那裡的一位交通警察給我留下了深刻的印象——無論烈日還是下雨，他總是戴著雪白的手套，佇立在路中央，用最標準的姿勢指揮著交通，每個動作都一絲不苟並充滿力量。

我每次看到他，總是又感動又敬佩。能將一份平凡的工作做得這麼用心用力，他一定很熱愛這份工作吧！

他指揮的那個路口，車流量極大，但是很少有人違反交通規則。行人一反常態地聽從他的指揮：他伸出手掌，人群就停；他一揮揮手，人群才走。這說明了，對於一個由衷尊重自己工作的人，無論他在什麼崗位，人們也會給予他尊重。

後來，有天我上網搜索，發現他感動的不只是我——微博和各大論壇上都有網友自發的、鋪天蓋地的讚美，他還多次登上報紙、電視，甚至被評選為「十大最佳交通警察」。

我在一篇報導中看到，在這個崗位工作了六年的他，一個月工資才兩萬元，但他認為，既然做了，就要熱愛它。

一個月只拿這麼點錢，應該沒有人要求他這麼認真地做。然而，無論工作多卑微、無論薪酬多低廉，要做就要做到最好，這就是一個人在平凡生活中的英雄夢想。

我們也不得不提起這位婦女的名字——新津春子。她是二戰遺孤的子女，從小在中國長大，回到日本後因為不懂日語，只能做清潔工的工作。她沒有因此自怨自艾，而是努力學習做一名最好的清潔工。

二十一年的工作生涯，讓她不再只是個簡單的清潔工。八十多種清潔劑的使用方法她都能倒背如流，也能夠快速分析汙漬產生的原因和組成成分。

沒有人要求她這麼做，也許，她只是為了讓自己在平凡而乏味的工作中找到樂趣和成就感，讓自己喜歡這份工作。

然而，她成了保潔領域中的專家、科學家，成了管理七百多人的清潔主管，打掃出了世界上最乾淨的機場。

在電視臺為她拍攝的紀錄片中，記錄了她處理不銹鋼飲水機的過程——利用強酸洗液祛除飲水機上沾染的漂白粉。如果強酸停留的時間過長，可能導致腐蝕，會使不銹鋼失去光澤。而她掌握最佳時間，在溶解漂白粉的同時迅速沖掉強酸洗液，讓飲水機恢復以往光亮的色澤。

多麼勵志的清潔工！

所謂成功，並不是要每個人都去做企業家、當藝術家，而是如果你無法選擇你喜歡的，就喜歡你的選擇——當你手裡有根甘蔗，就榨甘蔗汁；手裡有顆檸檬，就做檸檬水；當你身為交通警察，就做最良好的交通警察；當你身為清潔工，就做最優秀的清潔工。

多少人以這份工作不是自己喜歡的為由，允許自己敷衍人生；多少人以這種生活不是自己想要的為由，允許自己墮落頹廢地混日子。一個人之所以優秀，不是你在自己最喜歡的工作上做到最好，而是在毫無選擇的情況下也不放棄努力。

我有個同事，剛買了新房，邀請同事去她家吃飯。

酒足飯飽後，其他人在看電視，我則玩她的平板電腦，結果發現上面下載了五、六個學做菜的手機軟體。一問才知道，平板電腦是她老公的，同事說：「以前老公住公司宿舍時，我沒機會做飯，現在有了自己的房子，就想要精進廚藝。」

我當時稱讚她：「妳的生活態度很好，好學上進，一看就是個文藝青年。」

過了一段時間，我又到這位同事家玩。這回看到他們家的平板電腦換了幾個關於懷孕知識的手機軟體。很顯然地，他們準備生小孩。

成功是一種人生態度，把你手頭的事情、把你力所能及的事情做到最好——想做飯時就全心全意地學做飯；想升職時就全力以赴地提升業績、處理好人際關係；在你找到服務生工作時，就做個最勤快、最親切的店員……

以這樣的態度去面對人生，我相信，你不會永遠停留在社會底層。

我有個朋友一邊工作一邊帶孩子，忙得不可開交。隔了一段時間，她竟考過了普通話二級乙等考試。

朋友告訴我：每天帶孩子，要給孩子講數個故事。天天都要講，既然要花時間，就要講得更好，於是下載了普通話手機軟體練習。孩子的書上都有拼音，每次講故事時，就以播音員標準要求自己，這樣既教孩子又教自己……

誰說帶孩子和太忙是允許人們不努力的藉口，你在能乏味裡追夢，也能在塵埃裡開出花來。

將小事做到最好，給自己的平凡生活造就一個英雄夢想。

在這些將一件又一件小事做到最好的過程中，你會慢慢成長、變得強大，你會成為你想成為的自己、你喜歡的自己。當你身上散發認真、堅持、努力、樂觀的氣息，你會因此過得充實、變得快樂，甚至還會成為孩子的驕傲與榜樣。

因為，這樣的你，值得尊敬。

偏執人格：你在逆行卻渾然未覺

你有沒有特別不喜歡某種職業的人？

我有。

其實，在很長一段時間裡，我特別討厭老師。

我在某篇文章裡寫過，我上小學五年級的時候，班上來了個特別愛掌摑學生的導師，幾乎全班都被她打過。

有天，我在路邊撿到一隻小兔子，把它帶到了學校裡。然後，她逼我在全班同學的面前承認那隻兔子是我偷來的，我一想解釋，她就一耳光一耳光地招呼過來。

幾回合下來，我在屈打中默認了。那一刻的恥辱和無助，令我至今心有餘悸，我一輩子都不會忘記。

其實，這個故事還沒完。

時隔兩年，我妹妹又不幸落到她手上，也是各種悲催。

這老師愛打人不說，罰起人來也特別凶，哪個學生只要做錯一道題目，就得罰抄上百遍。

所以，幾乎每個週末我們都在抄寫中度過。於是，我不得不把一隻手握三隻筆，同步抄寫三行字的獨門秘訣傳授給妹妹。

那時候我剛上國中，有天妹妹要開家長會，我媽臨時沒空，請我代表出席。出席家長會要簽到，久別重逢，沒想到這位老師對我說的唯一一句話是：「你寫的字和你妹妹一樣難看！」我當時敢怒不敢言，只能將心中洶湧的恨意化為自己練字的動力。不久後，我因為天天臨摹課本，寫得一手印刷體。

多年後，有次和妹妹逛街，不巧在一家店裡與她不期而遇。我們兩個女生充滿默契地同時轉身，給她沉默而怨懟的背影。事隔經年，仍覺得不能原諒她。

在她之後，我經歷過各種風格的老師。對每一位老師，我都下意識地抵觸，沒有辦法親近和喜歡。

我是個喜歡自由的人，而老師是除了父母以外，在我一生中給過我最多約束的人。這種情緒一直延續到成年以後。

有一次，我和一位當老師的網友發生爭執，我還嘲諷他：「我覺得教師就是一群自以為是的傢伙。」即使我媽曾是老師，我妹妹後來也當了老師，也無法改變我對這職業的看法。

直到某一天，我才開始反省自己。

那是個教師節，我參加了同學會，看別的同學對老師態度熱情又親暱，又看到很多同學紛紛發文，真摯地懷念、感激老師，而我卻毫無感觸與共鳴，這時，我開始對自己產生疑惑——為什麼我無法擁有別人對老師那樣的感情？為什麼我從來沒有特別喜歡過任何一位教導過自己的老師？為什麼我從沒有像別人一樣懷念和感激老師？

是因為我遇到的老師全是壞老師嗎？如果是，到底是為什麼？

後來，我想起，那些時期的我異常叛逆，我最喜歡和老師唱反調——上數學課時看國語參考書，上國語課看歷史補充教材，上歷史課則看課外讀物……等，我只記得老師喜歡批評我、處罰我，卻完全忘了自己曾做過什麼。

我突然間意識到，如果一個人覺得所有老師都壞，或許根本是因為自己曾經就是個壞學生。有了這樣的認知後，我又進一步地想，其實，我也不是沒有遇過好老師。

曾經某位老師將我作文本上幼稚的句子逐一畫出來，溫柔地鼓勵著當時的我；曾經某位老師總是帶我去她的宿舍加強課業，還會煮東西給我吃；曾經某位老師會對我細微的進步進行讚頌、表揚……

而這些一點一滴的好，卻因為其中某位老師帶給我的巨大陰影，被我全盤忽略了。

前幾天，網友跟我講了一則笑話：「老公，開車注意點，剛才新聞報導說，高速公路上有個人逆向行駛。」

「豈止一個人！我看到他們全都逆向了！」

當我們看到所有人都逆行時，其實我們自己才是真正逆行的那個。

很多年前，有位摯友不顧周遭人的反對，執意要做某件事。當時，她對我說：「你們都不懂我、都不肯支持我。」我回答她：「既然大家都勸服不了你，我只能表示支持，但我希望未來你不要對此時此刻做的決定後悔。」

很多年過去了，她告訴我——她後悔了！

在生活中，我們往往會成為一個逆行而不自知的人。

當我們覺得家人、朋友都在和自己作對的時候，當我們的想法和大多數人背道而馳的時候，我們確實該反省——到底是因為真理只掌握在少數人手上而所有人都不懂我的心，還是因為我們正在自己的人生中逆行？

黑暗的蝴蝶效應

我家附近有間修車行，那裡的修車師傅善良又淳樸，修車費用相當低廉，有時只修理個摩托車的小毛病，他就不跟人收費。

像他這樣的普通工作者，仍然願意對陌生人慷慨給予，我只能以多光顧的方式來回報他。

我說：「我所能做的最大善良就是讓善良的人用安心體面的方式賺錢。」

有的人無法理解，問我：「你想要幫助他，你消費時直接多付些錢給他不就行了？這麼簡單的事，為什麼要搞得那麼複雜？」

我回答：「多付他錢，不足以改變他的人生，反而會因為廉價的同情傷害了對方的自尊。」

你們還記得《漁夫和金魚》的故事嗎？

故事裡的老太婆總是不滿足，向金魚提出了一個又一個得寸進尺的要求。所有人都指責老太婆的貪婪，卻沒有人思考過金魚的問題。

問題在於金魚一直以提供不合理禮物的方式「引誘」其恩人。

漁夫夫婦原本是一對善良淳樸的普通人，金魚提供了「不勞而獲」的超級誘惑，開啟了老太婆的欲望之門，令她失去善良的本性，一步步變成貪婪之人。

我們捫心自問：自己能否經得起這種誘惑？

如果一條金魚對我說：我可以無條件滿足你一個願望。

也許，我會不假思索地對它說：我的願望就是把一個願望變成十個。

所以，有時候你以為自己很正直，可能是因為你沒有經歷過很大的誘惑；你以為沒錢自己也會很快樂，可能是因為你還沒體驗過真正有錢人的生活；你仍然能做個好人，可能是因為你從未面臨過真實的人性考驗。

若以我的財力，足以改變一個好人的命運，我會贈送他一筆鉅款嗎？

不會。

曾經有條新聞表示，有名記者追蹤報導國內外中了巨額彩票的人，發現其中大多數人處境悲慘。因為他們無法適應一夕致富，所以開始無度揮霍，甚至吸毒、賭博、離婚等，迅速返貧的現象比比皆是。

總之，這些人的人生以各種悲劇收場。

所以，把財富送給一個在智商、理財能力、人品上無法駕馭它的人，它有可能會是「潘朵拉的盒子」。

前陣子，一位著名企業家提到，他會幫助那個和他長得很像的小男孩。

企業家富甲天下，想幫誰都是舉手之勞，但他並不是單純地送那個小男孩金錢或者房子，而僅僅是承諾會供小男孩上學，直到小男孩大學畢業。

中國有句古話說「授人以魚，不如授人以漁」，這才是對一個人最好的幫助。

金魚想要報答漁夫，最好的方式是：教導漁夫更高深的捕魚知識和更厲害的捕魚技術，讓漁夫能夠靠自己的勞動來獲得幸福，而不是「你想要什麼，我就給你什麼」——這種誘惑和考驗，誰經受得了？

有時候，慈善並不意味著在做好事，反而可能是在做壞事。

研究資料表明，非洲許多貧困地區在長期接受世界各國的大量捐助後，當地的貧困狀況不但沒有得到改善，反而出現貧困加劇的跡象。這又是為什麼呢？

就像動物園對野生動物的圈養。

如果野生動物生活在大自然中，它們必須自食其力，遭遇困境時要能尋找新的生機。

然而，如果將野生動物長期圈養，結果會導致它們喪失生存能力和機會，淪為只能等待別人餵食的「寵物」。一旦餵食中斷，它們將會餓死。

真正能夠幫助窮人擺脫貧困的方法，不是「餵食」，而是讓他們獲得一定的資訊和見識，讓他們找到適合自己的致富之路。

比如，國內有些原本極其窮困而如今卻異常富裕的地區，都是因為有人敢闖敢幹，找出了新的發展方向並帶領當地人一起打拼出來的。

我看到過這樣的報導：

有一些原生態地區的旅遊景點經過開發後，很多遊客到當地旅遊，看見衣衫襤褸的小朋友覺得可憐，便會主動施捨財物，結果導致這些地方的失學率直線上升。

因為當地貧窮的家長發現，讓小朋友出門受遊客恩惠的方式有利可圖，可以不勞而獲，便讓孩子輟學上街「賺錢」。

還有一種現象與此雷同：許多人看見小孩乞討，往往會因同情而多給錢財。由於兒童行乞的「投資報酬率」高，容易被壞人所利用，導致更多的孩童淪為乞討工具。

這就是當前兒童行乞現象常見的根本原因。

我曾經看過一則關於孤兒院的故事：主持孤兒院的修女顯得有些「冷血」，她拒絕人們給孤兒院物質層面的施捨和幫助，包括糖果、玩具等小禮物，她寧願讓孩子們體會貧窮、遭受艱苦。

當時我不懂，後來才明白：人們會因為別人的幫助、施捨而產生期待，如果這種期待一直被滿足，會激發人們貪婪的惡念；如果這種期待突然被中斷，則會嚴重挫傷人類善良的本質。

所以，我們在做一件好事的時候，不僅要考慮初衷，還要考量到這種行為會帶來的「蝴蝶效應」。

焦慮心理：影響你情緒的是境遇

有一次，我參加完同學會，和我私交甚好的A便跑來向我打聽B的消息。因為A有事沒去，她迫切地問我：「你見到B了嗎？她過得好嗎？」

A與B從前在學校時關係不錯，她是出於關心而問。我想了想，決定誠實回答：「雖然她沒說什麼，可是，我不知道我的判斷對不對……」

數年一次的同學聚會，是盛大的久別重逢，每個人都不會太過怠慢，大家難免要裝飾一番。女生多少會化點妝、做個頭髮，或是穿上比較好看的衣服前來。所以，從外表上看起來，似乎每個人都春風得意。

B也是。

看得出，她精心打扮了一番，衣服很講究，還拿一臺最新款的手機，言笑晏晏。然而，坐在她身旁的我，不小心看出了一個小小破綻——她那落葉般暗黃多皺、彷彿經歷了無限滄桑的手，暴露了她過往的景況。

那雙早衰的手，令我在宴席中有了片刻的恍神，我悲傷地想：這些年她一定很辛苦吧！

前幾天看到一篇文章，女生喜歡買名牌包，除了喜歡包包本身，更是因為她們覺得揹上昂貴的包包可以讓自己看起來過得很好，揹一隻LV包，會讓自己有躋身上流社會的感覺。

然而，很多人不知道，一個人過得好與壞以及一個人的生活經歷，會分明地寫在其身上、臉上、手上——舉手投足之間，滿臉的憔悴、帶著印記的雙手、無聊的談吐都會不小心地出賣了自己。那些參加聚會前下血本而臨時購置的身外之物，包含那些名牌衣服、名牌包包都無法粉飾太平。

你過得好嗎？

不需要開口問。當我輕輕握住你的手，就能碰觸到你的過往與滄桑。

也許，過得好不好是見仁見智的事，因為幸福沒有絕對標準。但我相信，真正幸福的人，應該是身體健康、內心快樂的——擁有一雙粗糲、僵硬雙手的女人，不管是否錦衣在身，總是很難讓人覺得她過得很好。

有一次，我在國立圖書館內被管理員訓斥。

當時，我只是想幫她把借出的七本書分類一下，不料竟點燃她一觸即發的神經。她以罵孩子的語氣大聲地說：「我還沒有掃條碼，你幹嘛幫我拿過去！現在整個都亂了，你怎麼搞的，不要動啦！」然後，她歇斯底里地搖頭嘆氣。

莫名其妙被吼，讓我吃驚地睜大眼睛望了她一眼，她怎麼會突然生氣呢？我心想，她的心情一定不好，一件小事就把她氣成這樣。

後來，我觀察了她一陣子，發現每次看見她，她都在生氣，也都在不斷地謾罵借書的人。她的脾氣這麼暴躁，時常對不相干的人發脾氣，我想，她一定過得很不好吧？

一個境遇好的人，一定會不疾不徐、氣定神閒，因為他被世界溫柔對待，也懂得溫柔地對待世界。而容易生氣的人，往往在生活中傷痕累累的人，只要隨便一點摩擦，都會讓他崩潰而情緒一觸即發。

你過得到底好不好，不僅你的臉、你的手會背叛你，你隨時失控的情緒也會不停地向全世界宣告——各位，我是個怨婦，我每天都過得很不開心，我的生活很不好。

正常人都不想博取別人的同情，為了讓自己在同學、親友面前看起來過得很好，也就造就了很多愛面子的人會拼命賺錢，以買包、買房、買車做為努力賺錢的動力。

可是你人生最重要的證明，你擁有的最重要的奢侈品，不是那些物質，不是那些名牌衣服或是上萬元的包包，也不是數百萬的豪車，更不是價值千萬的別墅，而是你的臉、你的手、你的身體，還有你的心。

如果你想向世界證明你過得好，一定先要把自己呵護好。

端正態度：溫柔溝通的關鍵

一位女網友問我：「我和男朋友在一起，遭到身邊所有人的反對，只因為他是外地人，學歷低，家裡條件一般。家人希望我嫁給門當戶對的本地人，你認為我該如何選擇？」

我明白女網友的心理，其實，她並不是真的想要徵求我的意見，而只是想從我這裡獲得一張「票」——支持她那被全世界反對的愛情。

我沒有讓她如願。

我對她說：「你的父母、親友、同學是這個世界上最了解你的人，他們不約而同地反對，必然有一定的道理。」

果然，她馬上開始長篇大論地反駁我：「我和他在一起很開心，而且我們是真心相愛……」

我不疾不徐地答道：「可是，你跑來問我該如何選擇——這就讓我無法相信你們是真愛。其實，你對這份感情已心存猶疑，因為真正相愛的人是永遠不會問這類問題的。」

「你不是來諮詢我，而是來為自己的選擇找『代罪羔羊』。如果我的答案配合不了你內心的真實想法，你會再去問下一個人，一直問、一直問，直到收集到足夠多你想聽的答案為止……」

「因為這樣做，以後當你對自己現在的選擇感到後悔時，你比較能夠原諒自己——你可以告訴自己，不是我愚蠢，是那些不負責任的情感指導者誤導了我。」

所以，我通常不願意幫助那些太過於糾結的諮詢者，也不願意鼓勵對方做出更傾向於他們內心的那個選擇。這是因為他們無法對自己的選擇負責，所以在面對選擇時，他們已經預料到自己未來可能會後悔。

就像上面提到的那個女網友，她的心是軟弱、搖擺、懷疑的，這將會令她在選擇和所愛的男朋友在一起後，因為面臨貧窮和困難而開始後悔。

同樣地，她如果選擇和家人所看好的、與自己門當戶對的本地人在一起，日後，她一樣也會因為對前任念念不忘而感覺後悔。

說穿了，她是一個面對自己內心所思所想無法做出理性判斷、意志不夠堅定的人。很大程度來說，她無論怎麼選都是錯，也都要後悔。

她這種人在生活中是懦夫，卻又過於貪心，總想要魚和熊掌兼得的好事。

其實，她想問我的真正問題，不是該如何說服家人，讓她與自己喜歡的人在一起，而是她該怎麼既和喜歡的人在一起，又不會因為和他在一起而降低未來的生活品質。

人生沒有那麼多兩全齊美的事。

有時候你選擇了真愛，就得放棄更舒適、安定的生活；而你選擇了更舒適、安定的生活，就不能成天惦記著真愛。

同樣地，你想追求夢想，就要承擔可能失敗的結果。你願意小富即安，就得接受平淡即為真實的現狀。這不是很公平嗎？

當身邊的朋友做出一個即使被全世界不看好的重大抉擇時，我通常很少去勸阻他們，只會問一句：做了這個決定，你預想過最壞的結果嗎？當最壞的結果發生後，你有能力去承擔，並且不後悔嗎？

我對朋友的勸阻僅限於：永遠不要去做會發生你承擔不了後果的事。

只要朋友說，不管未來發生什麼，他都不會後悔，我便不再浪費口舌。因為我始終覺得，人活一世，不必太在意他人的言論，最重要的是「不負我心」。

我有一位很要好的女性朋友，愛上了小她好幾歲的男性小模，義無反顧地要和他在一起。不過，對方沉迷於網路遊戲，幾年來不曾有過穩定的工作，她用做編輯的薪水和寫文章的稿費努力養活他們兩個人。

當時，他們兩人這份在各方面相差懸殊的戀情，被所有人看衰。而她對於想要勸阻、說服她的人總是會擲地有聲地說：「我去愛他，也許將來可能會不快樂。但是，此刻我不去愛他，就已經不快樂了。」

這句話，讓全世界安靜了。這麼不由分說、不計後果地去愛一個人，才是真愛！

我們能否去做所有人都不看好、甚至是被人們認為是錯誤的選擇呢？絕對可以。只要你對你的選擇有足夠清醒的評估，只要你肯為自己的錯誤買單，只要你願意用此刻的快樂去換將來的不快樂，那麼有何不可？

其實，我這位朋友的戀情，並不像其他人預想的那樣，以悲劇收場，至少此時在我看來，他們是幸福的。

有次，我在文章裡寫到自己某段失敗的戀情。然後，有人特地來跟我說：「像你這麼聰明的人，為什麼也會愛錯人？」他說了很多，反正是好好地把我教育了一遍。

因為他是出於好心，所以我沒有反駁他。

只是對我來說，愛情最美好的地方，正是因為它充滿了未知，千迴百轉，有著無限的可能，愛情美就美在它無法輕易被擁有，又隨時可能會失去，而時常讓人變得患得患失。

如果將愛情變成一項你能勝券在握的遊戲，也不是不可能，但就是太乏味了。

我一直是個樂觀的悲觀主義者，過去曾遇過各種選擇，而我所做的每一項選擇，從來不是因為它們絕對正確、萬無一失。

而是，我的人生，犯得起這錯誤。

同情心理：不要輕易相信跪著的人

昨天和朋友提起一位女網友：她是個在年幼時因高燒導致重度毀容、手指殘缺的姑娘，關於她的話題在論壇裡一度很熱門。

她在論壇裡描述了自己的生活：在她的人生中，因為相貌，遭遇過種種歧視，後來靠著自己的努力考上了大學，歷盡千辛萬苦，終於擁有了一份工作。

這是一則很勵志的故事，一發表就引起轟動。

很多網友提議，給她捐款，幫助她整容。她一開始並沒有募捐的想法，但經不起網友熱心的支持，於是發起了一次募捐。沒想到，募捐金額很快就達到了上百萬元。

這時候，故事發生了反轉。

因為有人加了她的微信，透過她的朋友圈發現，她用的都是蘋果手機、蘋果電腦，還有高級單眼相機……

於是，很多原本同情她的網友感到不滿：我都沒有妳擁有的這些奢侈品，妳憑什麼讓我們這些比妳更窮的人給妳捐款？

然後，網友分裂成兩派：一派人反對她，另一派人支持她。

其實，我當時是支持她的。

我想：「一個這麼可憐的人，即使募捐到上百萬元去做整容手術，估計也不能給她的容貌帶來太大的改變——她始終是不幸的。」

「你看，滿街上有很多藉由偽裝來騙錢的乞討者，可她身殘志堅，至少自食其力。那我們這些健康的人，為什麼不能對一個既可憐又努力的人給予多一些包容呢？」

雖然，我在心裡已打好腹稿，但沒有急著寫出來。

直到昨天，朋友跟我說：「別人罵她是合理的，許多人已經習慣拿自己的不幸讓別人替自己買單。」

然後，我開始認真思考這個問題。

我突然想起了一件事：我曾經在一間報社工作，辦公室裡坐我對面的是一名少婦模樣的女同事。我剛入職那天，這位女同事熱情地幫我擦桌子、倒開水，還送我一份見面禮，是雙在超市裡用幾十塊錢就能買到的短絲襪。

我是個慢熱的人，但因盛情難卻，便請她吃飯。吃飯時，她開始跟我聊起她的過去。

她來自農村，家境貧寒。在她十六歲的時候，父母為了賺錢，把她和妹妹分別許給陌生的男人。她妹妹為了反抗這種婚姻而跳井自殺，她則是從家裡逃出來。

後來，她進入工廠成了女工，一邊打工，一邊堅持寫作。

在這期間，她認識了她的前夫。前夫是城裡人，不顧家人反對而娶了她。她嫁到夫家後，遭到各種歧視和家暴，生了孩子之後就離婚了。

之後，她靠寫作特長進入報社，做了編輯。

當時，我聽了她的故事，心裡覺得她挺可憐，決定要對她好一點。於是，我們很快地熟悉起來，成了好朋友。

她拿的是死薪水，還得支付孩子的撫養費，我覺得她生活得非常不容易，所以有意想幫她分擔。因此，當她邀請我和她一起合租公司後面一間兩房一廳的房子時，我欣然地接受了。

但是，從此我遭遇了一段難忘的經歷。

合租時，洗髮精、保養品、衛生紙、衛生棉之類的日常用品，她都是用我的，因為我當時的稿費高，經濟狀況比她好很多。

我經常和她一起做飯吃，也偶爾請她去外面吃飯，買的水果、零食，都會分她一些。

她可能覺得，總是吃我買的東西很不好意思，所以，有時也會去水果攤買些水果給我，不過總是那種乾巴巴、快爛掉的蘋果、橘子。

我不敢傷她的自尊，只能趁其不備偷偷扔掉。

有天，她突然說要請我吃飯。結果到了餐廳才發現，她是帶我去吃免錢的，而且是轉了好幾手的佔便宜：她朋友的朋友請客，她的朋友叫上她，她又順帶叫上我。

她喜歡佔便宜的程度，真是令人嘆為觀止。

我們每週都要出報，編輯領到樣報後，要寄給相關作者。我們辦公室有四個人，可以分兩百份樣報。每次樣報一送來，她就連拿帶搶地先取走一百份。一邊拿，還一邊抱歉地說：我需要送的人比較多。

過了一會兒，她看剩下的一百份還沒來得及被他人分走，就趁大家不注意，又走過去偷拿一些，如此反覆數遍。

最後，兩百份樣報她一個人就獨佔了百分之七十以上。其實，只有她一個人把這當成寶，其他人完全不在意。

然後，她會把樣報當作禮物送給所有認識的人，包括她兒子在學校裡的每位任課老師。就像我們初見面時，她送我的那雙絲襪一樣，是她博得別人好感的小伎倆。

有次，我買了三雙打折的新涼鞋，她看到後，連忙說：「我還沒空去買涼鞋，你能不能先借我一雙？」

我同意後，她挑走了最好看的那雙。就這樣，整個夏天她一直穿著我買的涼鞋。等到她還給我的時候，感覺鞋底幾乎都磨掉了，我只好把涼鞋扔掉。

她平時還經常借我的衣服穿，不僅穿出去約會，還在洗衣服的時候穿。

她洗衣服時，怕把自己的衣服弄髒、弄濕，所以每次都會穿著我的外套去洗衣服。有時，她還會特地從我衣櫃裡翻出最貴、最好的衣服穿上，然後去洗她的衣服。

她甚至經常招呼我幫她洗衣服：「我趕著要出門，這幾件衣服你順手幫我洗了吧！」我當時也真的「順手」替她洗了，即便我從來沒有叫她幫我洗過衣服。

唯獨拒絕她的一次是因為她使喚我使喚得太順口，居然跟我說：「我明天要出差，這條內褲你替我順便洗了吧！」

當時我就生氣了：「妳居然叫我幫妳洗內褲！我媽都沒叫我幫她洗內褲，妳當我是妳什麼人啊？」

然後，她這才訕訕地自己拿去洗。

接觸得越久，越發現她人品差。

和她出去吃飯，或者叫外賣，她每次都會因為菜量少、味道不好一類的事狂罵服務生和送餐人員。每次和她一起吃飯，我夾在中間都很尷尬，因為一邊要勸她消氣，一邊要向服務生道歉。

是的，她只對有利用價值的人熱情、親切，而經常欺負身份比她低的人。

此外，她還說謊成性，經常當著我的面對別人說謊，且毫無愧意。

她經常對我說別人的壞話和八卦，有些八卦還是她偷看別人的聊天記錄得來的。

我心裡很明白，她一定也對別人說過我的壞話，因為她很可能趁我不在，偷看我電腦上的聊天記錄。

可是，我每次都原諒她。雖然有時候我也會隱隱不高興，可是每當不高興的時候，心底就會冒出另一個聲音對自己說：她這麼可憐，算啦！別和她計較。

她的缺點那麼多，我卻不斷地為她找理由和藉口：她受盡欺負，沒地方發洩；她童年不幸，才個性扭曲；她經歷太多挫折，沒有安全感；她是窮怕了，才這麼小氣……

五一放假前兩天，我準備辭職，離開這間公司。

那天，她被主管叫了出去，回來時，她的神情很奇怪。

我隨口問：「主管找你幹嘛？」

她遮遮掩掩地說：「沒什麼事啊……」

我感覺這裡頭肯定有什麼問題，但我沒再追問。

直到第二天，另一位同事跟我坦白：「昨天主管叫我們出去，給我們每人發了一張兩百元的購物券。主管跟我們說：『魯西西要走了，這事你們就別告訴她了。』你別介意啊！我下班請你吃飯，這兩百塊我倆一起花了去。」

這次，我異常憤怒。

她平時並不是個會保守秘密的人，這次的事情這麼小，她居然瞞著我——她以為我知道後會跑到主管那裡吵鬧：「某某說你給他們發了購物券，怎麼沒給我呢？」

是的，她竟以為我是會出賣她的那種人。

其實，就算她告訴我這件事，我也只會默默地一笑置之。但她卻以自己的行徑來揣度我的行為——因為換成是她，她一定會這麼做。

我們同吃同住、形影不離，為了兩百塊錢的購物券，她居然不相信我，乃至不惜矯情地欺瞞我。

我的心涼冰冰的。

搬家時，我把剩下的家當送給她。她擁抱著我說：「只有你對我最好，我真是捨不得你離開啊！」那一刻，我無動於衷。

很久以後，在聊天室中遇到她，她問我：「你覺得我找個法國男朋友怎麼樣？」

我問：「幹嘛找老外？」

她說：「中國男人都太不懂浪漫了。」

我在想，我當初怎麼能忍受這麼無趣又討厭的傢伙那麼長一段時間？

直到今日，我才開始反省：我根本就是個同情心氾濫的人，因為別人可憐而放寬要求對方的道德尺度。

這段時間，我一直在思考這問題：到底是善良重要，還是原則重要？

以前，我一直認為善良重要，不管別人怎麼樣，我自己的心不能變。但是，此刻我突然想通了，覺得原則比善良重要。

道德是不可以討價還價的，不能因為別人可憐，就覺得對方說謊、罵人、損人利己等種種行徑都可以被原諒。

同情心是種美好的感情，但沒底線的善良，會讓一個可憐人變得可惡——當他享受了過多寬容，就會越來越相信——全世界都欠他。他也將變得不再感恩，甚至有一天當別人不給他幫助，他就會指責對方沒有同情心。

他習慣哭訴，習慣像個乞討者一樣時時跪著，然後，就一輩子也站不起來了。

不講規則的善良，其實是在助紂為虐，甚至在「培養」壞人。

豁達心理學：面對悲慘的生活

有位網友問我：因為殘疾，我只能待在家裡，總覺得自己活著沒意義，該怎麼辦？

我記得，殘疾作家史鐵生一次在給盲童演講時說：「殘疾無非是一種侷限。你們想看而不能看，我呢！則是想走卻不能走。那麼健全的人呢？他們想飛但不能飛。這是一個比喻，就是說健全的人也有侷限，這些侷限也會給他們帶來困苦和磨難。」

不要說殘疾是一種侷限和不完美，其實，每個人生來都有侷限、都不完美。

只是，有些人的不完美和侷限很明顯，有些人的不完美和侷限則不明顯。身體健全的人並不是就不會感到痛苦，否則，他們當中的某些人就不會離家出走或自殺了。

昨天，有網友跟我聊天，她說她家原本有企業、有房、有車，過著幸福的生活，結果所有財產都因為她丈夫賭博輸掉而賠光。現在她已步入中年，離婚後一個人帶孩子，被迫出來打工，做各種兼職，人生從雲端跌落谷底。

她問我：「我離婚了，你不會笑我吧？」

我反問她：「這有什麼好笑的？」

雖然我感覺到她深刻的痛苦和自卑，可我不會特地說什麼好話去安慰她——她經歷的不過是諸多種人生中的其一而已。甚至，我不覺得她特別慘，特別需要被安慰或同情——當然，也不應當被嘲笑。

人生不如意事十之八九，每個人都有自己的痛苦和遺憾。我們不用去羨慕別人，更不要去看不起誰。

有的人不能走路，有的人看不見世界，有的人不自由，有的人不能愛，有的人抑鬱，有的人什麼都有但已不再年輕……人人都有侷限，也都有其不完美。

村上春樹寫過一篇文章，說他每次培訓新員工時，都會拿出一把大鉗子，對隨機選中的員工說：「現在我要鉗掉你的腳指甲或手指甲，給你十秒鐘做出選擇。如果你無法選擇，我就鉗掉你所有的指甲。」

員工想了想說：那就腳指甲吧！

村上春樹說：「好，那就拔掉你的腳指甲。但你為什麼不選手，而選腳呢？」

員工說：「不知道。我覺得大概都一樣痛，但實在需要選擇的話，那就選腳指甲吧！」

村上春樹熱烈地鼓掌，然後說：「歡迎你來到真正的人生。」

他用這種充滿寓意的行為做示範，是為了告訴員工——真正的人生其實都是一樣要痛、要苦的，只是每種人生痛苦的地方不一樣罷了。

憂傷是生命的底色，我們生來就是為了體驗人生的痛苦與不完美的。

能痛苦，意味著我們還活著，心還沒有麻木。此外，大多數人並沒有因為人生不完美而選擇自殺，他們還是無奈地活在自己的軌道裡——那就苦中作樂吧！

原來你是這樣的神經病

我常會收到網友的私人訊息。這些訊息主要分為兩種：一是表揚，一是貶損。對於後者的心態，我一直不太明白：為什麼有人願意花時間、精力去貶低和謾　一個跟自己毫無瓜葛的陌生人呢？

甚至，有一位網友瘋狂地追蹤我在網路上發表的每一則問題與每一種答案，並在下面的評論裡中傷我。

這些莫名又狂烈的恨意因何而來？

直到，我在卡倫・霍尼《我們內心的衝突》這本書中看到所謂「人性中的虐待狂趨勢」，才知道這種習慣向別人施展精神暴力的人，通常已經患有神經病了。

霍尼在書中描述了虐待狂趨勢的特徵：

患者處處想輕視、侮辱別人，甚至想挫敗別人，粉碎別人的快樂，使別人失望和掃興；特別熱衷找別人的毛病、發現別人的弱點並津津樂道。

他可能還會把自己的這種行徑合理化為坦率誠懇、樂於助人。他不能原諒別人的幸福，必須把別人的快樂踩在腳下……

看到這些理論，我突然茅塞頓開。之前，我遇到過許多難以理解的行為，現在終於可以理解了。

比如，我經常會收到這些留言：

「你的大頭照太醜，取消關注！」

「你的歡迎語太平庸，取消關注！」

「你這篇文章令我不爽，取消關注！」

我有時心想：取消關注就取消關注，從此山水不相逢。但你們幹嘛還要特地通知我呢？其實，讓我介意的不是取消關注這種行為本身，而是對方的留言裡隱藏的惡意。我知道，他們純粹就是想讓我反感，表示他們自己有能力打擊我，由此獲得滿足感。

所以，後來我把狀態改為——很高興你能來，不介意你離開。

這是一種反抗，我想表示：你取不取消關注，都挫敗不了我。於是，那種神經病才放棄試圖透過這種方式來讓我不高興的「努力」。

還有，倘若我的文章裡有錯別字，大部分網友會善意地指出，我也就會立刻改正，並回他們一句「謝謝」。

然而，某些網友發現你寫了錯別字後，會特別高興——不僅會指出錯別字，末了還要加句嚴厲批評你的話：「作為一個知名人士，居然會犯這種低級錯誤！」

我感受到他的敵意，不想假裝大方，所以不搭理他。因為我知道，不管是感謝他、迎合他，還是反駁他，都會觸動他的G點，令他更興奮。

以前，我只知道這些人熱衷於給別人找碴，以此證明自己比別人聰明，以此突顯自己的存在感——但我不知道，無碴可找的時候，這些人也會顯得那麼生氣。

比如，前面提到的那個想讓我反感的網友，我最初得罪他，只不過是因為我在一個「什麼是有效關心」的問題下，寫了我一位好朋友的故事。

這本來是一個溫暖的故事，但令一些人生氣了，他們指責我的交友方式，說我不該只在有需要的時候才聯繫朋友。

而這個網友反應最激烈，他表示，他看不慣我這種人。

其實，我不是很生氣，因為我知道，他可能曾經因為受過苛責，所以一旦找到機會和出口，也想對別人做同樣的事。

我回答他：「我和我的朋友，以什麼方式交往、相處是我們兩個人的事。你不能因為你習慣以別的方式交朋友，就不讓我們以這樣的方式做朋友——就像我愛男人，但我也從來不會反對男人愛男人。」

然而，我們無法達成共識，他依舊很憤怒。直到現在我才知道，原來我令他生氣的根本原因不是因為我們的三觀不同，而是因為我的字裡行間流露出的某種幸福感冒犯到他了。

其實，他內心深處憎恨的是：為什麼你有這麼好的朋友，而我沒有？我要打擊你，我不想讓你這樣快樂、得意。

所以，你會因為發表的狀態、上傳的照片，在等同於「幸福」、「恩愛」的時候，即使是那樣人畜無害的正能量，也會不經意地「冒犯」某些人。

在他們看來，事實是這麼一回事：你這麼從容、淡定，肯定是裝出來的，竟然還有那麼多人上你的當、受你蠱惑，所以我要撕裂你。

所以，有人會站出來，義憤填膺地「揭穿」你：大家千萬不要相信她，她的上篇文章還在說什麼什麼，她私底下如何如何……

還有人則純粹是唯恐天下不亂：你憑什麼過得這麼舒服，我要給你找點碴，讓你難受一下。

有一天，我回答了「一個人如何生活得有趣」的問題後，有人特地給我留言：「你的指甲油看起來好劣質啊，是不是便宜貨？」

其實，那是因為時間長了，指甲油的顏色有些斑駁而已。

還有一些人不厭其煩地問我：「彈鋼琴為什麼留指甲？」

我坦誠地回覆：「我不是專業的演奏家，就是裝裝樣子罷了。」之所以這樣回答，是因為我知道，他們不快樂，他們太需要去發掘我的漏洞和弱點來給自己找快樂。

有時候，即使是一些我在任何方面都比不上的人，我也一樣會觸怒他們。

比如，我在某篇文章中說自己眼睛乾淨清澈，有個網紅特地跑來指責我：你不該這樣評價自己，怎麼可以誇自己眼睛乾淨清澈？眼睛比你乾淨清澈的多著呢！

我知道她這是生氣了。也許她對自己不太滿意，所以看不慣別人自戀。

有些人會因為你不如他而生氣：你這麼窮，憑什麼還能這麼高興？你憑什麼能在孤獨裡自得其樂？發生了這麼壞的事，你為什麼還很平靜，怎麼還沒去死？

這是因為，他無法感受到生命的美好和快樂，才如此憎恨別人活得那麼好。

不過，我也曾有過這樣的心態。我看了李銀河女士的某篇文章，當時很衝動地想給她留言，質疑她對同性戀的某些觀點。

但是我沒這麼做。因為我很快意識到，我想反駁她的原因，並不完全是因為我與她的觀點不同，而是我嫉妒她：她曾經那麼幸運地成了王小波的前妻，我很想讓她失落一下。

意識到這一點後，我放棄了。

讓我們赦免這些虐待趨勢的神經病患者吧！即使他們哪壺不開提哪壺，故意問一些讓我們難堪、不悅的問題。

當他們故意問我們：為什麼買不起房？為什麼沒結婚？為什麼指甲油這麼劣質？為什麼這麼胖……你要原諒他，因為你知道，他在心裡對你是羡慕嫉妒恨！

你的行為真的理所應當嗎？

我每天都會收到各種求助訊息，無論是透過社群網站發私人訊息，還是在通訊軟體動態牆上留言。我最大的感觸是，大多數求助的人都不懂得如何獲得別人的幫助。

有些人不懂禮貌，剛關注我的微信，就劈頭地說：你加我一下，我有些問題想要問你。

有些人不懂感恩，在我回答了他的問題後，連「謝謝」兩個字都捨不得回。

還有些人報復心特別強，如果我沒空回答他，他就會迫不及待地罵髒話。

其實，我很替這些人惋惜：人生路上，這樣行事，他們能獲得的幫助會特別少。

我曾在某網站向一位財經達人求助理財方面的問題。我發私人訊息給他：「老師，您好，方便打擾一下嗎？我有個關於理財方面的小問題想向您諮詢……」

即使我的粉絲比他多，但我不論對方是怎樣的人，只要想向對方討教，哪怕是再小的問題，我也會注重禮貌。

然後，他回覆我了。雖然他回傳給我的答案有點空泛，簡單來說就是這個答案覆對我並「沒有幫助」。但我覺得，一個陌生人願意花時間回答我的問題，這件事本身就已值得感激。

於是，我向他致謝：「謝謝您回答我的問題，我無以為報，就讓我為您寫的文章按讚吧！」

說完，我便為他的文章點了讚。

結果，他馬上關注我，透過私人訊息告訴我一個具有實際操作價值的行業資訊。

我為什麼能獲得他的幫助，原因有以下幾方面：

一、尊重對方，肯定了他的時間價值。

很多求助者抱著這樣的心態：我只不過是問你一個簡單的問題，你回答我一下也不過是舉手之勞，如果你不肯告訴我的話，那就是你人品差。

這就是錯誤地將自己的時間價值等同於別人的時間價值。一個成功的人或是一個比你努力的人，他們對時間的態度想必和你是不一樣的。

二、特別。

一位網紅每天會收到很多私人訊息，起碼也至少有十幾條吧！而且有些重複的提問已經讓他反感了，他當然不可能逐條回覆每則訊息和問題。

所以，想得到他的回覆，一定要讓自己的訊息能脫穎而出，顯得足夠特別，比如，特別有禮貌。但有禮貌並不代表你可以囉唆，你的問題還是要簡潔、直接切入主題。

三、懂得感恩。

不管對方有沒有真的幫助到你，只要對方為你付出了，都值得你隆重地感激他。這是為了告訴他：你是個知恩圖報的人，你和那些將他的幫助視為理所當然的傢伙不一樣。

對這名財經達人來說，他需要別人幫忙點讚，而我知道為他做的這個小小舉動會令他高興。當然，這也要你的粉絲量夠多才行；如果你的粉絲量少，點一個讚其實不太管用，點一百個讚或許才會打動他。

在現實生活中，如果你想向陌生人求助，就得投入一定的心思和精力。在網路世界裡，同樣是如此。

「我做」比「我想」更有效

有一年，我不小心弄丟了兩張我很想去看的群星演唱會門票。

我不想再去買票，因為我覺得把門票弄丟這件事已經蠢得不可原諒——智商犯下的錯，應該用智商補回來。

其實，我不過是因為窮。於是，我去了解了一下，有哪些途徑可以獲得免費的門票。

然後，我得知武漢某歌迷會手中有十五張免費門票。

接著，我加了該歌迷會的群組，發現裡面有一百多人都眼巴巴地想得到免費門票。票在群主手上，群裡的成員，論資排輩，那一百張免費門票根本輪不到我。

我冒昧去問群主，果然被硬生生地拒絕了。但我也沒有退出群組，反而在群組裡跟其他歌迷聊天。

我發現，他們比我還窮。

他們都是用平時省下的零用錢勉強湊足車錢後，才打算來福州看演唱會的。而看完之後，他們還準備在網咖裡熬個通宵，等天亮再坐車回去。

於是，我對他們說：「你們都沒有來過福州，就由我來安排整個行程吧。把你們火車抵達的時間告訴我，我會安排接站，做好所有的準備工作。」

獲得他們的行程後，我做了細緻的安排：找人負責接站工作，也準備了相機為他們拍照。我帶他們坐公車去偶像下榻的酒店參加歌迷會。我預約了相對安全舒適且能容納他們十幾個人的網咖。我告訴他們去哪裡吃又便宜又好的小吃……

就這樣，我得到了兩張免費的ＶＩＰ門票。

看完演唱會，當他們的行程快結束的時候，我才坦白了這件事：「有件事需要得到你們的原諒，其實我並不是你們喜歡的那個明星的粉絲，我只是非常想得到兩張演唱會的門票，才混進你們這個歌迷會群組的。」

他們表示完全不介意，還告訴我：「謝謝你為我們做的一切，這次行程很愉快。幫我們拍的照片，記得傳給我們哦！」

這是我在過去又窮又無聊的時候做過的一件事，如今，我會考慮時間成本。

但是，我想說的是，當你想要得到別人幫助的時候，要先去考慮如何能幫助別人，這是一個很好的辦法。

感謝那些曾幫助過你的人

不知道大家是否還記得我曾經分享過的「猶太人在二戰中尋求幫助」的故事。那個故事講的道理是——幫助過你的人永遠不會背叛你，你幫助過的人則未必。

日常生活中，我也一直以這條道理做為指導我為人處事的圭臬。

我寫文章的錯別字特別多，所以一直想找人幫忙校對。但我需要校對的文字量並不大，對文字能力和工作時效的要求又高，按市場價格逐篇付費，根本不具備吸引力。

一開始我想了辦法，去我上過課的寫作群組裡找人，然後很多同學表示願意無償幫我校對。

我不喜歡無償的幫助，無償表示沒有義務，沒有義務就不能提出要求，不能提出要求就不能保證品質。於是，我提出條件進行交換——你看我的文章，我看你的文章。

其中有位同學和我達成了協定，只不過後來我沒有再找她幫忙，原因是發現她根本沒有需要我看的文章。

直到在微信裡遇到一名粉絲，她每次看完文章都會留言指出錯別字，於是我就加了她。既然她喜歡找錯字，我就讓她在我發表之前先睹為快。

因為她的幫助，我在某段期間的錯別字出現率大幅下降。

後來她考上了公務員，不能再替我校對。

雖然我一直沒有向她提過，但我一直在考慮報酬的問題。因為校對的數量太小，直接給錢我也覺得不妥。當她開始做經商時，我特地為她寫了一篇廣告文章。我還在心裡盤算，等我出新書的時候，可以給她寄本簽名書。

就算她不能再幫助我了，我仍願意盡綿薄之力，表達我對她的感激。這是因為，她已經用友善幫助到我，也已經成為一位我認為值得交往和能夠信任的人。

還有，網上很多人都好奇地問我和皮皮魯的關係。

世界上最堅固的關係，是有共同目標和利益的朋友關係。在這半年時間裡，皮皮魯一直在為我提供不計回報的幫助，他的無私，在我們之間已經塑造了彼此完全信任的互助模式。

你們會發現，只要網站上有相符的話題，我會推薦他，想辦法幫他增加粉絲。每次我一收到工作合作邀約，不管是不是我想接的，都會向對方提及：你們缺人嗎？我有個很棒的網紅朋友叫皮皮魯；電視臺請我上節目，我如果不能去，就會跟對方表示我的夥伴皮皮魯可能願意；合作方請我寫稿，我會跟對方說，這種稿子我有個朋友皮皮魯也很能寫。

我為什麼要這樣做呢？

當你不知道怎麼選擇朋友的時候，請記著幫助過你的人。因為他們已在你這裡通過某種程度的人品考驗，他們是值得交往的。被你記住的人，他們永遠願意幫助你。

惱羞成怒型：裝聾作啞也是一種體貼

我有個朋友，暫且叫她小A吧！

小A有個青梅竹馬的男朋友。

很多年前，我和小A的共同朋友B跑來告訴我，小A的男朋友同時在追求她們班上的另一個女孩子。

那年我才十幾歲，正是有著是非觀念的年齡，覺得朋友的男朋友劈腿，我有義務第一時間讓她知道真相。於是，我不假思索地告訴小A：「B說你男友在追她們班上的某個女孩子。」

我當時天真地以為，小A看清男朋友的真面目後會迷途知返，與渣男一刀兩斷。而且，她會感激我和B的仗義直言，然後從愛情的謊言裡走出來。

結果，小A聽完之後不僅沒有說男朋友的不是，反而憤憤不平地跟我吐槽B：「她連自己的事都搞不定了，還來管我，她其實……」

於是，我頓時成了豬八戒照鏡子——裡外不是人。

按照我事先設想的故事情節，這件事應是：既然他是壞人，她被蒙蔽了，我告訴她真相，她知道後一定會和朋友同仇敵愾，一起鄙視那個壞人。

彼時我尚且年輕，無法理解愛情的複雜性。很久之後我才明白，當時的我是用自己的一番熱情傷害了小A的不知情權。

我們對每件事都有知情權，但很少有人去考慮人們也應該享有不知情權。也就是說，當你告訴對方一個負面消息時，應該考慮真相是否是他所需要的——有些事，明知道對方聽了會不開心，且我們無力改變結果，那我們是否該執意講出來呢？

有一次，我生過一位朋友的氣。

記得當時好幾個人在聊天，朋友突然說：「那天我在街上看見你了，我看見你衣服後面的拉鍊沒拉，只不過當時我在車上，沒辦法叫住你。」

那你現在告訴我幹嘛？我在心裡不高興地嘀咕。我又不能穿越到那天，去把沒拉好的拉鍊拉上，現在為什麼要因為知道了這件事而徒增懊惱。

為什麼要告訴我？本來我可以不知道，不知道就沒有傷害！

有些事，刻意隱瞞或許是更正確的做法。上述兩則經歷，前一個不可說，是因為疏不間親；後一個不可說，是因為於事無補。

所以，你不該對一個人說的話，可能包括：

「你老公出軌了，我看見他和一個女的出現在酒店裡。」

「其實你媽很偏心，每次你弟回來，她就殺雞宰鵝；你回來，她卻什麼都沒有。」

「你這件衣服買貴了，你買完之後馬上就打三折了。」

「你比之前看起來老了好多。」

不該講，是因為對方根本不想知道，或者對方早已心知肚明，只是不想讓你也知道罷了。一樁緋聞、一點紕漏，身邊多一個人知道就對當事人多一份壓力，令其多失一分顏面。

據說，英國人最擅長裝聾作啞：明明有人摔了個四腳朝天，當場出了個糗，他們也會一臉鎮定，假裝什麼都沒看見；朋友發生再大的醜聞，也會忍住不提，當作毫不知情，直到當事人主動提起，仍像第一次聽說那樣反問：這是真的嗎？

凡是對方不希望我看到的，就通通當做「沒看到」；凡是對方不想讓我知道的，就當做從來「沒聽說」。能做到視而不見、聽而不聞，有時候也是一種體貼的風度——因為有一種惡意的關心是時時關注、刻刻提醒別人的失意。

這位朋友離婚了，那位朋友被騙了，請不要不分青紅皂白地衝上去安慰，也許他們壓根兒就不想對人訴說——保持緘默，就是對他最好的關心。

當朋友在生活中碰到了某些尷尬，比如褲子拉鍊沒拉，要不要提醒他，取決於當時的狀況：如果他正走向廁所，那就假裝沒看到——至少他自己發現後，會暗暗慶幸沒被他人看見。

有一種能力，你一定要放棄

「像庸俗的小說。」

「這只能說像中學生看的那種雜誌裡的文章。」

「午睡時間被浪費了。」

「這文章真無聊。」

「比俗套更俗套的故事，我為什麼可以看完？」

「為煽情而煽情，這種故事情節都看爛了。」

這是我在某論壇發表一篇得意之作後，收到的各方網友的評論。

這些不是我收到最差的評價，而那些髒話、涉及人身攻擊的話，我隨手會刪除。我知道大多數網友與我無冤無仇，他們只是習慣性喜歡批評，我也習慣在論壇被大肆批評。只是，我突然想起了一件事。

曾經有些網友問我，寫作初學者該如何學習寫作？

我給他們的建議是：在社群網站上寫。比起一個人埋頭苦寫，社群網站上的互動和回饋可以使學習寫作這項苦差事不那麼寂寞——透過網友的評論，你還可以發現、彌補自己作品的不足之處，收到好評和鼓勵之後，更會有堅持下去的動力。

然而，此刻我突然意識到，不應該這麼建議大家了，因為當下的網路氛圍不再適合初學寫作者。即使像我這樣的作者，在網上貼出已在傳統媒體發表過的作品，每次都能被網友批評得一無是處，甚至罵得狗血淋頭。

那些初學者，在他們最需要肯定和鼓勵的時候，如果遇上那麼多苛刻的批評、嘲諷，一定會萬念俱灰。

學習寫作本身就是對自身不斷懷疑的過程，即使是一些成熟的作者，偶爾也會懷疑自己寫得很差，擔心再也寫不好了。

我很感激，在我初學寫作的時候，遇見的那些溫柔而友善的陌生網友。我曾經在論壇上貼過無數幼稚、拙劣的文字，但極少遇見直言不諱的批評，大家互相給予的評價通常是：好、不錯、加油。

以前在寫作群組裡，遇到拿著練習的作品來請教的網友，我一向只負責找出他們作品裡的優點，不大提缺點。

不是我虛偽，而是我認為：對一個初學者來說，寫出來永遠比寫得好更重要。我所能給予他們最重要的幫助是——讓他們有信心多寫一點。

相信以上我說的話，許多網友會覺得不以為然。別人開不開心、有沒有信心，關我屁事啊！我只要管自己開不開心就好。

不知道從什麼時候開始，論壇變得越來越不友善，即使是一篇探討、學習如何提高EQ的文章，也會充滿許多不顧臉面的言論。因為許多人誤會說，網路上和離開網路的自己是可以徹底分裂的，網路上才不管什麼ＥＱ不ＥＱ，只要離開網路時ＥＱ高就好了。

所以，一些溫文爾雅、謹言慎行的人，揭下面具後，在網路上的發言就會變得直接、冷酷，甚至暴戾。他們認為對象都是陌生人，不需要顧慮對方的感受；加上自己躲藏在螢幕之後，不需要對自己發言的後果負責——於是將那個最真實的自己，在網路世界裡完全地釋放，隨心所欲地逞口舌之快。

我想說的是，一個人在網路上惡言頻出，除了帶給別人情緒上的傷害，其實受害最大的人是他自己。因為每個人的ＥＱ，除去先天的部分，還來自後天的練習。

有些人擅長使別人快樂，這是因為他們有能力發現別人的優點，並恰到好處地表達出來；有些人則擅長使別人不快樂，這是因為他們總是能敏銳地發現別人的缺點，並毫不猶豫地指出來。

這兩種能力，都是天分加上千百次的訓練所得出來的。

天天在網上挖苦、嘲弄、指責別人的網友，都是在不斷重複學習、強化、訓練使別人不快樂的這項能力。然而，這項能力運用久了，根深蒂固、爐火純青，慢慢地，使用者會無法自控，因而不自知地在現實生活中展現出來。

不過，這項能力越出眾，他的生活會越困頓，前途也會越不妙。因為這種人ＥＱ最大的缺陷是：對別人的優點過於遲鈍，對別人的缺點又過於敏銳。

其實，我以前也是這種人。每次和人吵架時，都能瞬間找出對方的弱點，見血封喉，氣得對方暴跳如雷。我還沾沾自喜，覺得自己很神氣。

直到有一天，我看到這樣一句話：如果你能敏銳地洞悉別人的內心，如果你有出眾的口才，你應該將你的聰明用在使別人快樂上。於是，我開始有意識地克制自己訓練這種缺陷——對，總是吵贏也是一種缺陷。

要知道，能使別人快樂，才是人生中最重要的能力。

當你使別人感到快樂，反之，別人也會使你感到快樂。所以，從現在開始，要記得不計場合地進行練習——訓練自己找出別人的優點，訓練自己去讚美、肯定別人，訓練自己體恤、照顧他人感受，訓練自己委婉地指出對方的不足。

即使身處在網路世界，即使面對的是陌生人，都請你這樣做。

只有弱者才對生活放狠話

阿里巴巴上市那段時間，我在新聞裡看到馬雲說——他覺得當首富沒有意義，他最快樂的時光是一個月拿九十塊錢工資的日子。

我當時想，首富太壞了，又在逗我們窮人玩，明知道我們這輩子都不能求證在低薪和首富之間到底哪個更快樂。

不過，我們這種窮人雖然無法一夜暴富，無法領略當首富的痛苦，但是馬雲是有選擇的，他完全可以做到一夜暴窮啊——

前幾天不是有人統計了嗎？馬雲有一千五百億資產，中國有十三億人，每人給一百元，他還剩兩百億。但他還是億萬富翁啊！那他只好再把財產全部捐給慈善事業，這樣就可以回頭去做他那越窮越快樂的打工族了！

我等了數年，直到現在，馬雲似乎沒有要擺脫自己這種痛苦日子的意思。我只好厚著臉皮，在這裡隔空喊話：「馬雲，請匯一億到我的戶頭裡，讓我替你分擔有錢人的痛苦，好嗎？」

突然寫這件事，是因為我發現，有人真的會受到「有錢不快樂」這種觀念的誤導。今天就有名大學生對我說——現在的世界不是自己想要的，覺得迷茫。

我建議他馬上讓自己強大起來，這種強大包括讓自己更有錢、更成功、更有權力和名氣。因為只有強大的人，才有選擇的權利，才會看到更多更好的風景，才能知道什麼樣的生活是自己想要的。

你覺得世界不美好，可能是因為你現在只是井底之蛙——井底的生活不是你想要的，不代表這世界不存在美好。你想看更廣闊的世界，就需要更努力地往上爬，就需要更努力地學習、更努力地工作。

結果，他一臉純真地對我說：「我覺得錢和權都不是我想要的，我可以接受自己沒有錢也沒有權。」

我說：「你現在不想要，不過是你想像出來的，並不是真實，那是因為你從來沒有真正感受到錢、權、名帶來的好。這些你從來沒有真正擁有過的東西，你根本不知道它們的真正的面貌是什麼模樣，你都沒有經歷過，怎麼能確定自己不想要呢？」

所以，我又要講了，只有馬雲這樣的有錢人才有資格在媒體面前雲淡風輕地說「錢其實沒什麼好啊！有錢不一定快樂啊！」這類型的話。可是他就算這樣講，仍然會站在有錢人的隊伍裡不動如山。

我想，就算有錢不會快樂，好像也沒多少真正有錢人願意放棄做個有錢人，這就已經能夠說明問題了。但是，我們從小看過的書、電視、電影又無時無刻地給我們輸入這樣的觀念——有錢換不到快樂！有錢買不到幸福！漸漸地，大家就信以為真了。

你會問，若這種觀念是錯的，為什麼書本、電視、電影總要將它灌輸給我們呢？這是因為，中國有個偉大的文化傳統，就是所有的文學作品都是為了安慰在現實生活中遭遇到痛苦的人。

所以，有些作者總寫這樣的故事：大富豪的一生都在爭權奪利，最後弄得妻離子散、家破人亡……這樣子，窮人看了才能得到安慰，才會以為原來做窮人也不是那麼悲慘。

於是，我在心裡暗暗盤算——「書中自有黃金屋」是安慰窮人的；「腹有詩書氣自華」是安慰長得醜的人的。

對啊！文學的作用就是給人安慰，這樣大多數人的生活才得以繼續。總不能把這個世界殘酷的真相全撕給你看：什麼有錢不快樂！其實富人不知道有多麼快樂，窮人才是真的悲慘；什麼內在美最重要！但是美人還是招人喜歡，醜八怪只能一邊站——那麼，我們這些長得醜又困窮的人是不是該直接去死了算？

然而，安慰歸安慰，我想告訴所有的年輕人：當你們還有改變人生的能力和機會時，一定不要接受文學的安慰，因為安慰是要給老人和弱者或那些對自己人生無能為力的人的。別被「有錢不快樂」或「成功不幸福」的話語洗腦，然後躲在淡泊名利的面具下，不思進取、意志消沉。

更千萬別說你不喜歡錢，也許你真的不喜歡錢，那也得等你證明自己有能力賺大錢以後再來說。否則，你以為別人會信、會對你肅然起敬嗎？別人只會覺得你是隻吃不到葡萄說葡萄酸的狐狸罷了。

覺得我的話有道理，就動起來好嗎？萬一讓馬雲看到這篇文章，他真的給了我一億，哎呀！從此我就得過上好煩、好痛苦的日子了。

不做作，會不會死？

前兩天更新的愛情故事，一些網友看完後向我吐槽：女主角太「做作」了吧？

我驚訝地發現，會這樣說的往往是女性，男性讀者反而覺得能夠理解。這是因為每個有戀愛經驗的男人，或多或少都曾遇到把他們折磨得死去活來的「做作女」。

男人對女人的「做作」，其實比女人想像得要包容得多。女人不「做作」，男人就不愛啊！因為，最熾烈的愛情，從來都是相愛相殺，而不是相敬如賓。

一個女人「做作」不「做作」，有時候並不取決於她本身的性格，而是取決於她在愛情裡遇到了怎樣的男人。

她知道這個男人是喜歡她的，所以她願意在他的面前「做作」，流露出孩子氣的一面；她知道這個男人是深愛她的，知道自己是被包容和寵愛的，所以可以讓自己再「壞」一點。

曾經有位男同事，是我們眼中的「二十四孝男」。

每天早上，為了讓女友多睡一會兒，他早上七點就騎摩托車到公司打卡，打完卡再回家接女友去另一間公司上班。

每天中午，頂著烈日，他帶女朋友去吃飯，只因為女朋友不喜歡一個人吃飯。

週末時，我們在群組裡聊天，問他在幹嘛。他總說，在給女朋友洗衣服，然後，女朋友想喝湯，所以一會兒還要去煲湯。

我們這幫同事，平時約他出來唱歌、吃飯，永遠約不到，除非他的女王殿下願意駕到。

後來，他女朋友應家裡要求和他分手，因為他沒房子，工作也不夠穩定。

她回家相親，遇上了一位公務員——妳以為換個男人，妳還能繼續這麼「做作」嗎？妳還能沒男人陪就吃不下飯嗎？這一切取決於她所遇到的男人會給她怎樣的肩膀和怎樣的舞臺。

網友問我：「為什麼那些懂事、體貼的女孩子，反而得不到好的對待？」

我說，這問題要反過來看：並不是因為妳體貼、懂事，他才不夠愛妳、對妳不好——而是因為他不夠愛妳，所以對妳不好，你也才會這麼溫柔、體貼、懂事。

在愛妳的人面前，妳才有「做作」的權利——他愛妳，若妳還體貼、懂事，他更覺得是如獲至寶。

愛妳的人，會把妳寵壞，替妳綁鞋帶，替妳拎包包，替妳買衛生棉，甚至連擰個瓶蓋都會有人代勞。這時候，妳根本不必那麼堅強、能幹。

在愛妳的他身邊，妳變得越來越五體不勤，越來越「做作」、越來越任性、越來越不懂事。正是因為他愛妳，所以妳才有機會變成女王——在愛情裡，妳的不夠好、不夠強，都是由一個愛妳的人所縱容、賦予的。

也正是因為你知道他不夠愛妳，妳才必須要那麼懂事。

因為妳知道，如果任性、無理取鬧一回，就有失去他的危險，所以妳不得不懂事，妳不敢那麼「做作」，是因為妳需要用體貼去綁住他、挽留他。

當妳變得像女僕一樣照顧一個人，學著隱藏自己所有不快樂的情緒，與其說是深愛對方，不如說是被愛得不夠。

每個女孩，都是父母眼中長不大的小公主。妳會變得能幹、懂事，也許是從遇到一個不愛妳的男人開始的——女孩子為什麼要讓自己變成一個無所不能、無所不知的「女超人」啊？不要那麼溫柔、賢慧、體貼、懂事、能幹，好嗎？

這樣的女孩子，其實真叫人心疼。

希望妳找到對的人，永遠活在愛裡，被愛自己的人呵護，可以一直「做作」下去。

不妨坦誠自己的真正需求

記得有次，我在網路上刊登了一則關於買單的故事。

有位女網友回覆我，她三十多歲了，經常參加各種相親，約會費用通常實行ＡＡ制或者雙方輪流買單。

有位相親對象，第一次見面請她吃飯，兩人去很便宜的餐館，一頓飯下來才花幾百塊。第二次見面，男方知道是她請客後，就放開手腳地點了一桌菜，花了她上千元。雖然，她心裡很不開心，但沒有表現出來。

還有一次，這位相親對象請她吃飯。吃到中途，她突然想加點某道菜，並向服務員點了這道菜，然後在男方買單的當下，她迅速掏出錢，執意而堅持地付了她加點那道菜的錢。

女網友向我描述這些事的時候，語氣相當篤定、得意。我知道她想告訴我：「你看我三觀多正確、多麼獨立、多不占男人便宜，是多好的女孩子啊！」

我想說，她像很多女孩子那樣，被流行的那些強調「獨立」、「自己買花自己戴」的唬弄文章誤導，因而走進了誤區。

其實人與人相處時，你要選擇和別人ＡＡ制，或選擇讓男人買單，或選擇自己買單，只要根據的是自己真實意願、消費觀、消費能力就行了。

也就是說，這三種方式都沒錯，兩個人的相處模式，只要自己和對方都高興、都願意就好。對買單採取不同態度的女生，一定有相應的男人喜歡，這本來就是兩個人的事，沒必要聽從專家意見。

錯的是，明明內心其實很在意錢、很期待男方買單，卻把自己偽裝成獨立自主女性的行為。那個女網友就是這樣，她對金錢很敏感，會因為一頓飯由誰買單而感覺不開心。她其實需要一位較大方的男伴，可是她在相親中主張AA制，因而吸引來的往往都是欣賞獨立女性的男人。

也就是這種買單態度誤導了男方。

但這女網友的打算是——相親時，我用主張AA制來顯示我個性獨立，不過將來兩人真的在一起了，該花的錢你還是得為我花。於是，兩人就會在婚前為禮金多少、房產要登記誰的名字而吵得不可開交。

女方覺得此一時彼一時，我們馬上是一家人了，你還和我分這麼清？男方會覺得上當了，當初你不是這樣的人，多叫菜都會自己掏錢買單，我之所以娶你就是欣賞你不花我錢的態度啊！為什麼不在相處的過程中就袒露自己真實的金錢觀和面貌呢？因為那些唬弄文章讓很多女生誤以為——買單能表示自己獨立，能讓自己贏得男人的尊重，進而獲得真愛。

親愛的，大錯特錯！

有則笑話：女生A在約會時願意買單。女生B在約會時願意AA制。女生C在約會時要男方買單。

你們認為，男生會喜歡ABC中的哪一個？答案是：當然是三個人中長得最漂亮的那個！

所以，如果你提出買單不是出於真實意願，只是覺得出這份錢會在男生面前加分，因而獲得對方的愛的話，那你不如把錢留下來給自己買衣服、化妝品，除非你想吸引的對象是個小氣鬼。

對了，還有一位女網友回覆我，她約會經常買單，然後前男友在分手時，甚至還要求把他替我多付的某頓飯錢還給他。所以，這件事讓她更加堅定——女生要自己買單才有尊嚴。

我看了這則回覆，當時差點一口老血噴出。女生平時約個會，幾頓飯的小錢，其實和尊嚴扯不上什麼關係，就是老買單的那個女的比別人更容易被小氣鬼追求。

與他人交往，大家就應該真誠點，才能讓喜歡獨立女性的男人去邂逅真正獨立的女性，讓喜歡為女人花錢的男人去找喜歡花男人錢的女人，讓大灰狼找大灰狼，讓小白兔找小白兔，這才是正確的為人處世之道。

如果你還不想放棄花男人的錢這種世俗之樂，那你就要正視自己內心的需求，不該在交往的時候，假裝「你不買單我無所謂，我可以自己買花自己戴」——他們，會當真的！

炫耀之心，是你溝通時的弱點

一位網友問我：我買了很貴的東西，被不識貨的人認為很便宜，該怎麼應對這種情況？

我回答：希望你去讀《小王子》，不要成為一個只在乎數字的成年人。

《小王子》裡這段經典論述的原文是這樣的——大人熱愛數字。如果你跟他們說你認識了新朋友，他們從來不會問你重要的事情。他們從來不會說：「他的聲音聽起來怎麼樣？他最喜歡什麼遊戲？他有收集蝴蝶嗎？」他們會問：「他多少歲？有多少個兄弟？他有多重？他父親賺多少錢？」只有這樣，他們才會覺得自己了解了他。如果你對大人說：「我看到一棟漂亮的紅磚房，窗臺上擺著幾盆天竺葵，屋頂有許多鴿子……」那他們想像不出這座房子是什麼樣子的。你必須說：「我看到一座價值十萬法郎的房子。」他們就會驚叫：「哇！多漂亮的房子啊！」

所以，我想告訴文章開頭的那位網友：不管你買的是便宜的還是貴的東西，都應該為內心真正的喜悅而買——它值得，所以你買，不是為了炫耀或是為了讓別人知道它的價格而買。

這世上有很多美好的東西是廉價的，甚至是免費的。當你懂得物品真正的價值，才會體現你真正的品味。

而你一旦有了炫耀之心，就意味著你有了弱點——你就會開始為該如何告訴別人這件物品的價格而煩惱，不告訴別人你花了這麼多錢，好像會不甘心；告訴了別人你花了多少錢，又顯得有些膚淺。

可是，每遇到一個人，你就想提及它。

而那些買不起這件物品的人，可能會覺得你很討厭；買得起這件物品且比你有錢的人，可能會覺得你很可笑——竟為了這一點虛榮心而沾沾自喜。

這真的是兩面不討好的事。

我曾有位朋友，本是個豁達、灑脫的女生，富有幽默感，敢於自嘲，不在乎數字。

後來，她開始有了一點小錢。可能是受到工作環境的影響，她開始成為一個追求數字的人，並且不停地把數字告訴我：昨天買了一個包包值多少數字；今天買了一條手鏈又值多少數字。

這年頭，上萬元的包包、飾品，其實大家都買得起。不在乎一件物品的價格而買下來，只能代表一個人的志趣，並不能說明他的成功和品味。

一開始，我會配合那個朋友的話題，去讚美和討論一些我並不感興趣的東西。後來，我覺得這樣的交流很無聊，因為以前的我們總是在談論有趣的事。

當她開始只在乎那些數字是否超過了這些東西本身的價值時，或是開始評價別人用的物品的價格時，甚至是鄙視一些用便宜貨的朋友時，她變得越來越不可愛了。

我認為，這其實是她變得自卑的一種表現。當年齡漸長，她開始相信那些更貴的數字能彰顯她自身的價值。

我還有個同學，熱衷購買最新款手機，喜歡一手拿三星，一手拿蘋果，左右開弓的那種人。

有次，她嫌我用的手機太落伍，在我面前直言不諱地說：「莫辣西的人用莫辣西的手機。」莫辣西是福州話，意思是很LOW，很沒檔次。

我沒有介意，也沒有反駁她。但我心想：你以為一個人的人生價值會被一臺手機來定價嗎？那未免也太容易了吧！所以，有些月薪兩萬元不到的年輕人（沒有歧視他們的意思）願意攢下幾個月的薪水買一臺最新、最貴的手機，可能就是和你「英雄所見略同」。

只是，在我看來，如果一個人LOW，用什麼物品都LOW。而如果一個人是星星、月亮、太陽，那麼再怎樣也無法掩蓋他的光芒。

當一個人還在在意著自己用什麼手機時，說明他還處於熱衷炫耀的最低階段——因為人人都買得起一臺手機，如果你只是想炫耀這樣的東西，恰恰證明——你的人生太失敗。

當你想告訴別人你所用物品的價格，那麼在你的潛意識裡，你其實是認為自己配不上它，所以你才會覺得炫耀它有利於抬高自己的身價，有利於讓別人因此多瞧你一眼。

然而，真正的高貴在於——你相信自己的價值，且相信自己的價值永遠會高於自己所擁有的任何物品。

你相信自己足夠好，好到配得起所有昂貴的東西，好到可以隨意地使用所有廉價的東西——你永遠不會被這些身外之物所左右，只因為你是你。

你的外表看起來很貴，思想卻很廉價

雖然，我說過人要在一定程度上捨棄對物質的欲望和追求，但是有一項消費我向來會不假思索，那就是大量地買書。

我和其他愛書之人不一樣的地方在於——我愛買書，卻不怎麼懂得珍惜、收藏。所以，以前租屋時，我不知道自己買過多少本書，就看過一本送一本、看完一本扔一本。

我買來的書，只要確定不會再看，親友都可以隨意拿走。反正書就是拿來給人看的，這是我的價值觀。

買房後，這幾年的時間裡，我大約買了上千本書，其中包括買來送親友的。買書這項消費，我非常慷慨，我會一箱一箱地往家裡買，也會一箱一箱地把書送出去給親友。

這是我人生中永遠堅信不疑的事——書是最好的禮物，買書是最正確的消費，也是報酬率最大的投資。

就這樣，我的書把三座書架塞到爆滿，其中有一個書架還因此坍塌。

這時，我開始意識到，就算是書，也不能再無限度地買，因為家裡空間有限。可是每次看到網站上的圖書促銷，我都會蠢蠢欲動，也會把相關訊息和朋友分享，並鼓勵、推薦他們去買。

朋友在我這個義務「促銷員」的推薦下，也確實會爽快地買了一堆又一堆的書。

但也有很多人不願意買書。有人對我說，他會再考慮考慮；有人對我說，我有什麼不看的書再借他就行了……

她們面對那些暢銷書也能表現得如此無動於衷，真是讓我這愛書之人覺得不可思議——因為她們都不是窮人，更不是那種為了買幾本書就要節衣縮食的人。

相反地，她們很有錢，動輒購買近萬元的包包，願意花上萬元去自助旅行，隨便吃頓飯可能就上千元，看一場電影也會花個幾百元……她們肯在這些事上花錢，而且花得毫不猶豫。

但是，面對一本幾百塊的書，她們卻顯得相當糾結。

也許這並不奇怪。很多人沒有建立知識消費的觀念，他們認為，想看書可以跟別人借，網路上還有看不完的免費電子書，幹嘛要自己買？

有些人把房子裝修得美輪美奐，裡面卻沒有擺上任何一本書——沒有書的房子，再漂亮也沒有靈魂。

有些人花上萬塊錢送孩子去補習班，卻不肯花錢買書給孩子閱讀，讓孩子學習書中的知識、理念——教育孩子的事，寧願假手於他人。

有些人願意為孩子買大量的玩具，卻捨不得給孩子多買幾本有趣的童書。

他們所抱持的這種消費觀，令我有一種暴殄天物的感覺。可能有人會覺得，我的措辭過於激烈——人各有志，人家有錢，想買衣服、買包包，不想買書，這又有什麼錯？

沒錯。你可以堅持自己的喜好，去買衣服、包包。但請不要認為那些物品會讓你成長，會讓你變得更美好、更強大、更自信。

再高級的衣服也不會變成你的盔甲，知識才會；再昂貴的包包也不能成為人類進步的階梯，書籍才能；讀萬卷書不如行萬里路，但只有行萬里路卻不讀書，你也只是個驢友。

你的外表看起來很貴，可是你的思想卻很廉價。

你永遠不會從更貴的衣服和包包中獲得真正的自信，因為就算你花了再多錢，你也還是會遇到比你更會花錢的人。而真正的自信不是來自物質上的攀比，而是源自於內心的淡定和從容——不以物喜，不以己悲。

這種淡定和從容，是可以從閱讀中獲得的。

買了一百個包包後，你仍然是你。但看過一百本書後，你的世界會從此不同。

朋友李菁在動態牆上表示：我有一年時間沒給自己買件新衣服了，穿的都是往年的舊衣裳。以前我那麼愛美，光民族風的衣服就有好幾箱，可是，現在我把我的時間和金錢都留給閱讀和攝影……

這算是一名女性的成長吧！隨著年歲漸長，她開始懂得為自己的內在和能力進行投資了。我在心裡給她按一百個讚。

我從來不反對人們對美的追求，無論是外在美，還是內在美；只是，當你在花大量時間和精力修飾外表的時候，永遠不要忽略對心靈的美化。

從某種意義上來講，追求外在美其實是註定會失敗的過程，因為只有內心的成長、強大才能超越時光。

當然，渴望被別人羡慕是人的本性，再低調的人也無法避免完全不去炫耀。

如果在你的漫漫人生中，缺少不了「炫耀」這款調味品，我建議你去炫耀真正能夠獲得別人尊敬的東西——你的知識、你的技能、你的品德……

誠如馮唐所言：「如果我只能追求一種名牌，我一定追求教育上的名牌：上最好的大學、讀最有名的名著。如果在教育之外，我能再追求一種名牌，我就追求工作的名牌：去最知名的公司和機構工作，不問工資，不惜力氣。」

第二章
會說話是個技術活

有些人認為，發脾氣是個負面詞語，
EQ高就應該永遠壓抑自己的情緒。

事實上，做個永不發脾氣的爛好人
是件吃力不討好的事。

倪匡也說：「最討厭的是
天天發脾氣與永遠不發脾氣的女人。」
而男人也一樣。

自己有能力，溝通才夠力

多年前，我剛進某報社做編輯。

同事中有位大姐，寫作仍處於「今天天氣真好，萬里晴空飄著朵朵白雲」的階段，雖然文不如人，但她另有所長——每天上班時會搬出一大本通訊錄，開始撥電話：

「張總，好久不見，哈哈。」

「李社長，最近忙不忙啊？」

我們出去開會，她總是像拍著翅膀似的到處打招呼，似乎所有人都認識，每個遇見的人都是久別重逢，真是厲害！

認識久了，我便了解她經營友誼的方式：A的老婆感冒，她會打電話聯繫B，請B幫忙找C掛號。B的孩子出生，她也會幫B聯繫D，買到便宜的紙尿布。

她用大量的時間照顧所有熟人的瑣事，經營自己的人品和交情。她的口頭禪是：多個朋友多條路。

比如有一次，某上市公司打電話到辦公室，想邀請一名記者去參加他們的活動。結果，她在電話裡跟對方死纏爛打：「你們能再給一個名額嗎？我這兒還有一位記者也想去……」

她纏了足足十多分鐘，對方礙於情面，最終答應了她。

掛了電話，她看到我吃驚的眼神，不好意思地笑稱：「我想帶我一個朋友一起去，因為上次她幫過我，所以想多要一個名額帶她去。」

她也曾這樣帶我去。比如，她請我吃飯，當我跟她去了以後，才發現買單的人不是她。她把所有的聰明才智用在了人際關係的維護上，其實就是空手套白狼。但是，這也給人造成一種朋友圈活絡的假象。

之後，我離開那個城市，與她斷了聯繫。

前段時間在網路上遇到同行，對方提起了她。我問：「你也是她的朋友？」對方聞言，嗤之以鼻：「有的人相識遍天下，好友一大堆，這樣我還是做她的敵人好，物以稀為貴。」

我才知道，她混了這麼多年，即將四十歲了，仍租房、未嫁、錙銖必較地佔便宜——公司一家換過一家，工作、生活、寫作都沒有進步。她曾結交過那麼多朋友，鋪了那麼多條路，但誰也沒能把她拉上康莊大道。

其實，她並不是不努力，只是太迷信人際關係的力量——若把時間花在其他方面，或許早有一番作為。

一個平庸的人對於友誼最大的利用，不過是吃免費的東西，穿免費的衣服，貪點小便宜。朋友就算願意幫大忙，比如推薦你去做某公司CEO，也要你自己有實力啊！你的表現要不讓對方蒙羞才行。

許多人只有一條路可走，那就是靠一己之力、一技之長埋頭苦幹、自給自足。如果有朋友提攜便是錦上添花，沒有也不會太糟。

網路上有一條成功法寫道：成功的你，收入是身邊常聯繫的十個朋友的平均收入。我不知道這功利又武斷的話出自何方，反正論壇、微博上到處都在傳，可見很多人相信。

於是，大家越來越功利，絞盡腦汁地想結交比自己聰明、能幹、有錢的朋友，以便幫助自己進步。可是如果這種邏輯成立的話，像馬雲、馬化騰這樣的人就不能隨便交朋友了吧，因為他們要是不小心認識了兩個窮鬼，收入馬上被拉下大半。

「近朱者赤，近墨者黑」有一定道理，但是不能本末倒置。更多時候，不是你認識有錢的朋友你才變有錢，認識優秀的人你才變優秀——而是你有錢後，才真正融入有錢人的群體，成為有錢人的朋友；你優秀了，那些優秀的人才會自然而然地來跟你交流。

友誼應源於個人魅力、人格、品德、才學方面的互相吸引，而不是刻意地殷勤和巴結。你和誰在一起、和誰相遇、和誰有緣，上帝都已經在可行性上先給你篩選過一遍了，此即物以類聚。

奧斯卡・王爾德說：「照顧好你的奢侈品，你的必需品自己會照顧自己。」意思就是，如果你能養得起奢侈品，你的必需品自然會有，根本無須操心。

我想說的是，照顧好自己，你的朋友也會自己照顧好自己。如果我們不去競選總統，不用傳銷去騙人，那麼，對於朋友的功能，我們無須奢求太多。

糾結症患者的自述

很多人喜歡問，我要不要學寫作？我要不要去健身？我要不要學鋼琴？

從表面上來看，人們之所以這樣糾結，是因為害怕付出努力得不到相應的回報，導致浪費了心力與時間。

然而，同樣需要付出心力與時間的事情，卻很少聽見別人問，比如，我要不要去旅行？我要不要看偶像劇？

因為上述兩個問題，前者要離開舒適的環境，需要一定的毅力，所以才有這麼一句話——努力未必成功，不努力肯定舒服。

真的舒服嗎？倘若你本是悠閒的人，你可能會覺得很舒服。但對於所有會糾結於「我該不該努力」這問題上的人來說，其實是非常不舒服的。

那種「覺得自己本身不夠努力」的病，會糾纏住你，時不時發作一下，令你陷入無力改變現狀的自責、愧疚甚至憤怒當中。

每次都需要找很多理由和藉口來為「不努力」辯解或逃避問題，只有這樣才能緩和這種不舒服的感受。可是，過沒幾天它又會捲土重來。

這種情緒不會消失，它會一直伴隨著你，直到你死的那一天。甚至讓你在臨死前，回顧自己一生的碌碌無為而流下最後一滴懺悔的眼淚。

為什麼有人將懶稱為「懶癌」？就因為它是潛伏在我們生命裡的絕症。如果你想被治癒，除了去做你一直想做又怕做的事，別無他法。

為什麼我明白這種感受？因為我也是這樣的人啊！

以前我一直在糾結自己該不該多花一點時間寫作。有好幾年，我每年寫作的量以發表不到兩萬字的龜速在前進。我時不時對自己產生不滿的情緒，一邊覺得自己應該更勤奮，一邊又總是找各種理由安慰自己：「紙媒日薄西山，稿費又那麼低」，做一份正職已經夠辛苦了，而某些人不上班也可以安然自得。人生苦短，這麼辛苦幹嘛……我就在這樣的糾結當中，浪費了好幾年的時光。

然而，今年我終於狠下心來，花大量的時間來經營微信。過程真的很辛苦，期間也不斷懷疑自己：我做的事情和我付出的努力，真的有意義嗎？

堅持到現在，談不上有多大的收穫。微信流量微不足道，不過多了一些發表在微信的文章和一本新書的合約，一切並沒有達到我的預期。

花這麼多時間和心力寫作，我後悔了嗎？

是的，我感到前所未有的後悔！

我後悔我以前為什麼要花那麼多時間去糾結，為什麼不早一點開始去努力？我為什麼不能果斷一點？這才是導致我現在這麼辛苦的根本原因！

因為我不夠努力。我和當初那些一起起步的作者，不可同日而語——因為總在糾結而錯過了寫網誌、部落格、微信最好的時代。我唯獨慶幸此刻我沒有繼續糾結，否則我勢必錯過更多。

昨天看王安憶的書，她在個人簡介寫了一段話：「寫小說就是這樣，一樣東西存不存在，似乎就取決於是不是能夠坐下來，拿起筆，在空白的筆記本上寫下一行又一行的字。然後第二天、第三天，再接著上一日所寫，繼續一行一行地寫下去，夜以繼日。要是有一點動搖和猶疑，一切將不復存在。」

世間萬事，皆是如此艱難。比我們更勤奮、更有天分的人，也在分秒必爭地與惰性作戰，不敢懈怠。

為什麼要努力？我想，是為了證明自己有能力征服自己，然後，才有機會去試一試能不能征服其他事物。

所以，不用糾結該不該做。因為我們不去做，省下來的時間也沒有拿去拯救地球，而是浪費在其他地方，比如發呆、睡覺、看劇、遊戲。

時間像個大蛋糕，吃一口少一口，但是我們不吃，它也會壞掉。所以，想寫作，就馬上打開電腦，敲下一行又一行的字；想健身，此刻如果躺在床上，那就先做幾個仰臥起坐吧！

寫一個字有一個字的成就，做一個仰臥起坐有一個仰臥起坐的效果。這些都意味著你正在向成功出發。

網友問：「二十六歲學彈鋼琴，晚嗎？」

我回答：「對世間萬物保持好奇與興趣，永遠有學習動力，是良好的人生態度。」

因為年齡而糾結學不學習、戀不戀愛、冒不冒險、跳不跳舞等事情的人，最先蒼老的不是身體，而是他的心——年齡向來不是愛與自由的枷鎖。

在日常生活裡，如果能保持一顆火熱、積極的心，對自己很重要。

當我做了某件事後，是的，我有些後悔做得晚了。但令我最後悔的是，我因為把時間花在糾結上才令它開始得晚的。

從來沒有一份委屈是應該的

這篇文章是給老闆看的。因為，我在微信上看過很多文章，全是寫給員工的。

每天都有各種洗腦文、勵志文，教你如何為公司不計回報地付出才會有收穫，教你要怎樣忍辱負重才會取得成功，教你要做好一二三四五點老闆才會喜歡，教你要珍惜對你要求高的主管，還說痛苦和委屈能把你的心胸撐大。

這些文章，看得我心裡不舒服。

為什麼從來沒有人站出來寫一篇文章告訴老闆，應該如何做個員工喜歡的老闆？

為什麼總是要員工不計回報地對老闆、對公司奉獻和付出？

為什麼老闆不能先對員工好一點？

為什麼沒人寫「請老闆珍惜那些提出高薪的員工」呢？

為什麼？因為他們寫的都是宇宙真理嗎？

不，我更相信的是，每個寫這種文章的人後面都有個讓他們害怕的老闆，他們需要順著老闆的意思、討老闆歡心、寫符合老闆利益的文章。就算有些寫文章的人現在沒老闆，也擔心將來會有老闆。

我也有老闆，但我不是那麼害怕我的老闆。就算有朝一日不做這份工作了，我也打算不準備再有老闆，所以我比較敢講真話。

最近，我又看到一篇文章叫〈沒有一份工作是不委屈的〉，裡面引用了「打工皇帝」李紹唐的話——被罵是一種能力。

我超討厭這種論述，當時就很不爽，心想：快把作者給我叫來！如果被罵是一種能力，讓我們助他一臂之力，一人罵他一句，他就有超能力了。

我承認，一個人要成功，必須要有強大的內心，但是，受委屈和被罵與成功沒有絲毫必然關係。難道你考大學真的是被罵出來的？找工作也是被罵出來的？

一個人能成功，更重要的是因為他發自內心的動力，而不是被動的什麼理由。

總是有老闆持這樣的論點：「我罵你，是為你好；我罵你，你才會成長！」

真是這樣的話，被罵最慘的那個人豈不是要成世界首富了？我更擔心的是：老闆，你很久沒被人罵了，這樣你會不會不成長了？

被罵不會讓人成功，甚至不會讓一個人的心理變得強大——只會讓人越來越自卑、越來越充滿負能量。我從沒聽過有人被罵成富翁，但看過幾回員工因為被罵，氣不過就一刀捅死上司的新聞。

好吧！這就是你們認為的強大！

許多老闆看了賈伯斯的傳記，沒有學到賈伯斯的創新思維、創造能力，卻記住了賈伯思的嚴苛暴躁。於是，這些老闆們將賈伯斯的成功誤會成「很會罵員工」。

反正其他方面學不了，罵人最容易學呀！於是大家爭相仿效。可是，如果老闆會罵人就能成就偉大公司的話，那麼全國的老闆基本上都會罵人啊！那怎麼沒有一間公司成長得像蘋果公司那樣呢？

前段時間，我看到朋友圈裡有位老闆表示「好主管就是要對員工夠狠」。

當時我就反駁他：「一個團隊，如果員工要靠責罵來成長，就說明了他的團隊全是庸才。」有能力的人都是驕傲的，只有覺得自己要靠拍馬屁、忍氣吞聲才能找到工作的人才會對你俯首稱臣。你覺得員工都是老闆調教出來的，那就沒有劉備三顧茅廬這回事啦！

你愛罵人也沒什麼問題，但至少你得要恩威並施啊！

可是，有的老闆只懂威而不知道恩。員工表面服從、背地使壞，心裡恨老闆恨得牙癢癢的。所以，你以為他真的怕你？他怕的是錢啊！你以為自己是賈伯斯啊？賈伯斯有才華、有天分、有人格魅力、有偉大的公司，被他罵也就算了。但一般的老闆如果只會罵人，給的薪水又不高，員工憑什麼忍你，他是受虐狂嗎？

有個媒體朋友動不動就對我說：「幫幫忙啊！快一點幫我寫稿啊！老闆又要罵我了。」

我真的很同情她，她真的天天被上司罵。我問她為什麼不跳槽，才知道因為她的工資比同行高一倍。

對啊！她能忍受被罵不是因為她被罵得很爽，或是覺得會因此而成長，而是她的工資高——她老闆不知道每個月在向員工付自己罵人的錢嗎？這樣的老闆還算是好的，至少他多付了錢。

有的老闆，給的薪水和同行一樣，可是成天不知道有多威風，明明累得像狗似的替他賺錢，明明按件計酬，他的臉卻臭得像後母似的，仍要把你當乞丐對待，高高在上的樣子好像真的是他在養你、施捨你。

不，施捨的人不會罵乞丐，而你其實根本連乞丐都不如。

這麼威風的人，大多數還不是真正的老闆，而是職業經理人或高你一級的小主管，但他們往往會狐假虎威。老闆只要求他苛刻八分，但他更狠，非要做足十二分，先老闆之憂而憂，後老闆之樂而樂——在老闆面前唯唯諾諾，一轉身面對下屬時，眼神裡時時刻刻都像在說：「你們給我好好幹啊！」

對於這種人，我只想說，希望你永遠這麼威風。

我有一個朋友，原來任職於通訊供應商，她當時有個非常威風、經常把她罵得狗血淋頭的上司。直到她跳槽去了通訊運營商那裡後，那個曾經八面威風的上司在她面前就乖得像一隻哈巴狗了。

這種例子太多了。

行業很小，即便你永遠不離職，蹲在這裡做別人的上司，三十年河東，三十年河西，你也不能保證你的員工永遠不跳槽，哪天說不定還會變成你的客戶甚至你的上級呢！所以，何必為一份工作不留餘地到讓別人記恨你？

有人會說：「魯西西，你這麼講，是不是因為你確定文章不會被你的老闆看到啊？」不，我的老闆也是我的粉絲，我更新的每篇文章他都看得到。

所以說，好的老闆，是讓你能輕鬆坦誠地做你自己。

如果你不幸遇到了一個壞老闆，你千萬不要覺得他無底限地侮辱你是應該的，你爸媽也沒這樣對你，他又憑什麼？努力工作自然沒錯，但跟對人永遠排在做對事前頭。

為什麼會有人越努力越不幸？因為他跟錯了老闆。

沒有一份委屈是應該的，也沒有一份痛苦是必須的。

條條大路通羅馬，可是你此刻在哪裡

我有個朋友，大學時讀了冷門科系。畢業後，他曾獲得一個很好的工作機會，然而，當時他一心想繼續讀研究所便錯失了。當他念完研究所後卻發現自己根本找不到工作，投了無數履歷卻總是石沉大海——這個科系的畢業生招聘機會本來就不多，而沒有工作經驗也讓他總是被應徵的公司拒之門外。

他沒料到讀研究所的結果反而更糟，看到大學同學現在都過得不錯，有門路的研究所同學也找到很好的工作，於是他背著沉重的壓力來找我傾訴：「畢業半年了，仍不知道該何去何從。很多人都勸我不如退而求其次，先去做和專業毫不相干的工作，比如銷售、金融之類的。你覺得我該怎麼辦？」

我對他說：「在你家經濟條件允許的前提下，我不建議你去找不相干的工作，因為它和你原來的就業方向背道而馳。做銷售並不能幫助你在未來找到更適合你的工作。

「既然你去面試被拒絕的原因是沒有相關工作經驗，那麼你應該先解決這個問題。」

他說：「他們不給我工作機會，我就沒有工作經驗。沒有工作經驗就找不到工作，這是個死結。」

我對他說：「這不是死結，而是在於你不願意。你現在找的工作，都是你學的專業領域中最好的公司，你誠懇地去跟公司的負責人談，表示願意打工，實習期間可以不計辛苦、不計工資，只要他們給你一個職位。用你最大的誠意懇求他、說服他。如果這間不行，就換另一家去試試，相信我，一定會有公司要你的。」

朋友說：「怎麼可以不要工資？我讀了這麼多年書，考上了一流大學，畢業後卻要給人做白工……家裡人會怎麼想？同學們會怎麼看？」

我苦口婆心地勸他：「你如果在這家公司工作個一年半載，至少能得到兩種可能：第一種，如果你表現出眾、你的主管對你很滿意，三個月後他們就會正式錄用你。對於人才，主管永遠不會讓他白做的。第二種，你獲得了工作經驗，去其他公司面試，將會比現在容易許多。既然你讀了這麼多年書，又何必在意多付出一年的時間？我知道你現在壓力大，可是你不要去管別人怎麼想、怎麼看，忘記一切，專注在自己的事上，就當你這一年仍在學習。人生是一場馬拉松，起跑比別人慢沒有關係，方向才是最重要的。」

朋友被我說服了。幾年後，他在這行業中立足，成為一間公司的部門主管。

我當時之所以向他提出這個超乎情理的建議，是出於對他自身情況的了解和判斷：他父母有能力多養他一年，他暫時可以不為生計苦惱；他的專業很冷門，文憑和專業含金量高，而且他很聰明勤奮，只是沒有門路和沒有人脈關係又缺乏工作經驗和機運。

因此，這是他當下能最迅速達到理想的選擇。如果他不願意少賺一年工資，而去遷就一份不理想的工作，一年後，這個境遇多半不會有什麼改變，他永遠只能做他不想做的工作。

講這個故事，我想表達的是，這世上有很多事是無法單方面分辨是非對錯的。比如，要先去賺錢還是先去賺工作經驗？每個人會因為自己的位置、處境不同，而有不同的答案，答案本身沒有對錯，但它不一定適合所有人。

如果讓朋友去網路上問：我該不該不拿工資白做一年工作？恐怕大多數人會說不該。有人會說這是擾亂勞動市場秩序；有人會說這是主動被剝削，違反做人原則；有人會說這樣太自私，要讓父母多養你一年；有人會說其實去做銷售也很好……然後，他就會在各種建議中被弄昏頭了，忘記自己最初想要去哪裡。

條條大路通羅馬，可是有人天生就在羅馬。

你想要去一個地方，你去問陌生人你該怎麼走：在海邊的人認為，你坐船最好最正確；有錢人認為，你坐頭等艙最好最正確；住鐵道邊的人認為，你坐火車最好最正確；當地人會認為，你走路最好最正確。聽了他們的建議，也許你會離目標更遠，甚至還浪費了車錢……

這世上，不是每個人都有一樣的條件，最重要的是——你堅持一個正確的方向，用自己的辦法，堅信不疑地走下去，總有一天會抵達目的地。

這兩天，大家為「大學畢業的實習生該不該替老闆領便當」這事，在網路上吵得不可開交。其實，大家說得都有道理，既可以選「該」，也可以選「不該」。

如果你想快速提升業績，在那樣的團隊中可以學到很多經驗，那麼，拿便當或打雜只是獲取經驗的一點小代價；如果你想寫劇本、當編劇，但老闆永遠只派你拿便當、打雜，根本沒給你學習機會，那就是浪費時間。

拿便當本身是無關對錯的小事，而決定這個問題對錯的是你想往哪個方向發展。為了理想，拿便當又有什麼不可？許多大人物身處困境時也能臥薪嚐膽，如果你覺得你比別人受過更多的教育，結果卻做一些打雜的小事，這是對自我的設限。

教育不是對一個人設限，而是令一個人更有彈性，讓人的眼光能看得更廣、更遠。人生有很多種可能，讓你既能幹活，也能動腦；讓你既可放下面子，也可為走得更遠而放棄眼前利益。

我這麼說，並不是鼓勵大家沒事都去找粗活來幹或者選擇去做白工，而是說，如果它是你通往理想的必經之路，而你又沒有更好的選擇，那麼，不必太拘泥於無關緊要的小事。

一個人不管是給別人端飯也好、不拿工資工作也好，有朝一日成功了，這些過往都會變成一種養分。就像人們會傳頌成功者的臥薪嚐膽、忍辱負重，為了理想做的付出，都會成為人生得動章。

不過，如果你的初衷只想開心地做個小職員、過平凡人生，那就完全沒必要在自以為是的老闆底下做受氣包。你可以找個平和親民的老闆，說不定他還會為你拿便當呢！

所以，一件事的對與錯，取決於你是什麼樣的人、你想要達到怎樣的高度。

你不用花太多時間去考慮和爭執具體細節的對與錯，只要大方向是對的。比如，如果你想結婚，那就不用介意你的對象是朋友介紹的還是自己認識的，反正結果是殊途同歸。

相反地，當一件事和你的人生方向背道而馳時，不管它表面上看起來有多美好誘人，人們怎麼異口同聲地說它正確、說它好，你也要懂得拒絕或放棄。

有個朋友和我一起開微信寫文章，寫著寫著，他就到另一個網站去剪輯視頻了。因為收入可觀，他好心地建議我也一起去。

我不假思索地拒絕了，因為這有違我的初衷，我只想寫好文章。我想去的是羅馬，哪怕艱難奔波，我不能因為迎面駛來一輛車就隨便搭上，即使坐車比走路舒服，可它和我去的不是同一個方向。

我還有一個朋友，一直想從事文字方面的工作，可是，當她面對另一份和文字沒有關係但是表面光鮮的工作時，她便開始動搖和糾結。

當你無法專注於你的目標並拒絕誘惑，你就會花很多時間糾結在各種選擇之中、在分辨是非對錯上，也就會走彎路、多繞路而浪費寶貴的時間。目標明確的人，表面上看起來放棄、失去了很多，但他永遠比東張西望的人更早抵達羅馬。

永遠瞄準初衷，這是我用來衡量一些無關道德的選擇時所用的尺。在人生的十字路口，你不知道何去何從的時候，就想一想自己的初衷吧！

「潛臺詞」表達法，使溝通更有效

在進目前這家公司前，我是自由撰稿人。那是紙本媒體發展最好的時代，當時，每月只須花一週寫稿，就可以過得很舒適。

而我之所以會出來找工作，純粹是覺得太無聊了。自由誠可貴，時間久了也有點膩，所以開始嚮往朝九晚五的規律生活，就想找份工作，嘗嘗被人管的滋味。

我想找個好玩的工作，做個一年半載，體驗一下生活。於是我上了一家當地網站，去他們的招聘頻道看，結果一打開就發現，這家網站正在招聘論壇管理員。

那時候我也玩論壇，馬上被這個職位吸引了——我在別的論壇免費當版主呢！這裡讓我當版主還給錢，多有吸引力的工作啊！於是，我沒有再看別的招聘資訊，不假思索就加了網站主編小雷。在網路上聊了一下，我們一拍即合，他叫我直接來上班。

網站給的工資很低，不到寫稿的三分之一，但我不是很在意，不讓我加班就行——這樣，我寫稿就可以補貼生活。

上班之後，我發現部門的主管、同事都很友善，工作內容也很有趣。我開始制訂論壇的遊戲規則、獎懲制度，建構虛擬幣、銀行、利率……，我就是這個論壇的統治者。

當時公司還沒有實行打卡制度，但我每天總是最早一個來，最後一個走——不是由於敬業，而是工作好玩。

上了一個多星期的班以後，小雷跟我說：池總今天會過來，他要和你談談。然後我才知道，我們網站還有一個更高級別的老總，我只是一名底層員工。

大人物要過來和我談話，我心裡不由覺得緊張，想著一會兒要如何應對才好。

結果，池總到快下班時才來，一進門就說：「魯西西，你好，歡迎加入我們團隊。今晚我請你們幾個吃飯吧，去香格里拉吃自助餐怎樣？」

幾乎是迅雷不及掩耳啊！

我還在想像老闆駕到後會給我一個什麼樣的「下馬威」，或是對我進行怎樣嚴峻地拷問——結果他一來，什麼也不說，就先請吃飯，還是在香格里拉——在當時是當地最好的自助餐……他太懂得底層員工的心了——做為窮人的我，往往覺得自助餐是最高的禮遇。

而且，用餐氛圍也出人預料的輕鬆，完全不像在和老闆吃飯——他是跟我談話了，不過不是談工作，而是談糕點和生蠔。

吃了兩輪，大家已停了下來。彼時，我還是個生猛的吃貨，覺得來一趟香格里拉一定要吃回本。我再一次拿起盤子，小聲地問：「你們要霜淇淋嗎？」

別人都說不要，池總想了想說：「我應該還可以吃一個霜淇淋。」

等我把食物取回來，池總吃得很慢。我忽然之間體會到，他並不是想吃，而只是覺得我一個女生不斷地在吃會不會不好意思或太尷尬，才跟著要一個的。吃完飯，池總開車將我們逐一送回去，先送女員工，後送男員工。

請員工吃飯的老闆有很多，但是每次吃完飯將員工一個一個送回家的老闆，我只見過池總一個。

後來，我才知道池總並不是真正的老闆——他曾經是我們網站的創始人，我們老闆請他指點我們工作。現在他在另一家上市公司做老總，很忙，基本上要好幾個月才能見到他一次——我們這裡，只是他微乎其微的友誼「兼職」吧！

很多員工見老總都避之唯恐不及，我們卻像留守兒童盼著爸爸一樣盼著池總，因為他每次來總會帶我們去美倫華美達大飯店、世紀金源大飯店等吃好吃的。有時他所在的公司發禮物，他會特別開車繞過來給我們送一箱橘子或者蛋糕，讓大家分著吃。

當然，我們盼望池總的緣由，也不完全是因為吃。我們覺得將工作的困擾、辛勞跟他傾訴一下，就能得到安慰，因為我們知道他是懂得的——像一個慈愛的長者，每個孩子都想得到他的關注。

我從來沒聽他罵過任何人，甚至連帶著居高臨下意味的話都沒有說過。

有一次，我向池總說起另一個同事在某項工作上不配合，他在電話裡說：「我明晚請你們倆一同吃飯吧！你叫他一起來。」

又是吃飯，三個人放鬆地閒談，基本沒提工作，那同事完全不知情，可能還誤解這頓飯是老闆在嘉獎他。

池總只是在飯局快結束之即，輕描淡寫地問我那位同事：「最近很忙吧？能不能安排點時間把魯西西的這件事做一下？」那同事開開心心回去後，很快就處理我的事情了。

不對立，不苛責，舉重若輕之間，用協助與安撫，將工作的矛盾化解。遇到這樣的老闆，是我們的幸福，員工的尊嚴、情緒，被老闆慈悲地、最大限度地保護著——我們也報答他，用薪酬無法購買的忠實和心底由衷的敬仰。

後來，他離開了，我們對他的敬愛與忠實，延續為對工作、對這個網站的熱愛與忠實。我曾經以為只是玩玩的工作，想不到竟然做到今天，即便中途有更具實力的公司開出更好的條件讓我跳槽，我也沒有去。

還有，網站的兼職程式師，他在其他公司做事，年薪上百萬，但在我們公司一年的兼職薪水只有兩十萬；網站的兼職管理員，在某上市公司做主管，在我們公司卻月領一萬塊零用錢，替我們長期打雜。

這都不是為了錢，是情。

想起多年前，有一天我在公司樓梯走道遇見池總，我先向他打招呼：「池總好！」他看到我，連忙解釋：「對不起，剛才你站在暗處，我沒有看到你。」我很感動，竟然有老闆由於沒有先向員工打招呼覺得要道歉的——多少老闆僅用合理的報酬換你的勞力，就以衣食父母自居，要你感恩戴德。

池總的親善態度對我們影響甚遠，管理風格也讓我所仿效，我們部門的人雖然偶爾會爭執、互相吐槽，卻一直保有平等友善、親如手足的工作氛圍。我們可以無話不說，一言不合就聚餐或結伴旅行，每個人過生日時都一同吃蛋糕，聖誕節則互送禮物。我們不是那種假惺惺的親熱，而是可以掏心掏肺地互開玩笑。

一個部門的氣場、氛圍來自它的靈魂人物，而我們的氛圍在很多年前已被池總定下了。在這樣的氛圍裡，我們不用磨平稜角地去順應誰，不用為勾心鬥角而耗費時間、精力去假裝成另一種人。所以，每個人能盡情地保留自我和性情中率性純真的部分。

我寫這篇文章，並不是想討好池總，他不在我的朋友圈，我們大約有兩年沒有聯繫了。我只是感懷，這艘曾經熱愛和堅守的大船，現在我看著它難過，卻無能為力。

我曾對一位行政經理說，有時想到要離開一家自己曾努力付出過的公司，心境是無比糾結和難過，就像離婚一樣，跟一些過往、記憶，一些人、事，徹底地斷開了。

感謝你，池總，給了我一段那麼溫暖的職場體驗。

EQ高就會懂得怎樣發脾氣

我有個同事，曾被稱讚為「懂得發脾氣」：他平日對人熱情友善，嘴巴很甜，還經常請大家吃零食、水果。於是，有人誤會他脾氣好，試圖跟他開一些越界的玩笑，結果他當場就變臉——某些時刻，他的脾氣也大得驚天動地。

漸漸地，所有人明白了，他可以對所有人都好，但是一旦侵犯到他的尊嚴和利益，他也是會認真反擊的。因為這種人際關係上的分寸感，反而令他在和大家保持良好關係的同時，又能獲得別人的尊重。

有些人認為，發脾氣是個負面詞語，EQ高就應該永遠壓抑自己的情緒。事實上，在一個群體裡，做個永不發脾氣的爛好人是件吃力不討好的事。倪匡也說：「最討厭的，是天天發脾氣與永遠不發脾氣的女人。」

而男人也一樣。

永不發脾氣，不代表你能贏得所有人的友情，反而往往只會淪落為受氣包——大家覺得你沒有底限，什麼玩笑都可以開、什麼人都可以欺負你，因為你不會生氣。

那什麼時候該發脾氣？

比如，讓你覺得不爽卻仍在發生的事，這可以發脾氣；比如，已經在第一時間表明立場的事仍解決不了，就有必要採用慷慨激昂的態度，甚至就該發脾氣。

工作的時候，我要同時回應十幾個同事的訊息，但我對別人在非必要時濫用視窗晃動這個功能較為反感。

有個同事，每次在網路上找我，上來一言不發就先晃動視窗一下，等我問她什麼事，她才開口說話。可能她覺得這樣比較省事，可以第一時間找到對方。

她第一次對我晃動視窗時，我沒有生氣，只是對她說：「別一上來不說話就晃動視窗啊！我不喜歡這樣。」

她聽了之後，也沒有放在心上，過了幾天，竟還是一言不發地就先晃動了視窗。我有點生氣地說：「不要一上來就晃動別人，這樣有點不禮貌哦！」

她仍沒有放在心上，第三次還是這樣。於是，我覺得必須教訓她一下，便直言地說：「妳這樣很自私！為了省自己的幾秒鐘，一上來就先對別人晃動視窗，以便別人第一時間回覆妳。可是我電腦上有十幾個對話視窗要處理，我會依序回覆，妳每晃一下就相當於妳插了一次隊，然後我的次序也會因此混亂，忘記哪些回應過，哪些還沒有回應，還要重新一一查看。妳省了幾秒鐘，卻浪費我無數的時間。」

好了，至少下一次她再找我的時候，不會再隨便對我晃視窗了。

有些人不願得罪別人，因此會強忍一再使自己不滿的事，其實是在醞釀一場更大的危機——因為你不說，對方不知道這件事會讓你不爽，所以，他會重複做同樣的事讓你不爽，然後，你還是在忍，你的不爽不會消失，反而會升級。你會變成開始反感他這個人，不滿的情緒會在其他方面表現出來，譬如對他態度不好，或在背後說他壞話，最終你仍然無法和他好好相處。

發脾氣未必會得罪人，只要你發完之後能夠適當地「收」一下。比如你慷慨激昂之後，對方能認知到並改正錯誤，我們也要溫柔地示好：我知道你一定也很忙，手上工作太多了，大家都不容易。

對方改正後，你要表示感謝和肯定：謝謝你對我的支持和理解，之前有分歧，只是因為大家看問題的角度不同。

只要對事不對人，只要改正仍是好朋友——沒有心結，沒有怨懟，大家才能合作愉快。涉及重要利益的糾纏，就算不生氣也要發脾氣。

這一點，服裝店老闆就運用得很好。記得以前去服裝店買衣服，一到出價的環節，我都不由自主地戰戰兢兢，因為那些店主一言不合就會怒髮衝冠——她們生起氣來的樣子很嚇人，好像你出的價格足以侮辱她全家，已經到了與你不共戴天的地步。

現在才知道，她們不是真生氣，這不過是一種心理戰術。

我在工作中經常遇到談判耗時費力且沒完沒了的事，特別是當對方是個外行，跟他完全講不清楚的時候，時間都浪費在無謂的溝通和糾纏上。

後來我發現，在這件事情上，無論我有多少道理、多麼正確都沒有用，只有在我很生氣地發脾氣的時候，才能達成一致。這時候，我意識到我在扮演服裝店老闆的角色——很多事，對方在審時度勢中是以你的態度來做決策的。

正如咪蒙在某文中提到，有一次她去購物，她問店員買的東西過了保固期怎麼辦？店員教她一個秘訣：只要夠凶，一來就拍櫃檯，大吼「叫你們經理出來」，這樣，不管過了幾天，都可以換貨。記住，不能語氣平靜，不能講禮貌。

說這個例子，不是支持大家為了爭取利益要去無理取鬧，而是「這個世界上有些人真的欺善怕惡、看人下菜，會根據對方的態度做決定」。

還有一個故事：某工廠裡有兩個橫蠻的員工，為了羊肉分配不均吵得不可開交，先鬧到主管那裡，然後，又鬧到工會那裡。兩邊都不是善男信女，別人怎麼陳述事實或講道理，他們就是不聽。後來來了一個主管，比他們更凶，他找人買來四斤羊肉，摔到他倆面前，大吼一聲：「一人兩斤，滾！」兩個人這才閉嘴，夾著尾巴逃走了。

這年頭，從不發脾氣是行不通的，有些事沒辦法好好說，非得激烈地表達出來，才能被對方接受，以達到你想要的效果。

人人都很忙，沒人會認真推敲和揣摩你的心意，非得直接了當地說出來，發一發脾氣，對方才會知道你真的有苦衷，同事才會知道你究竟有多辛苦，戀人才會知道你真的很愛他，談判後，對方才會知道你真的吃虧了。

脾氣，人人都會發，懂得什麼時候該發脾氣，對什麼樣的人發脾氣，卻是一門高深的藝術。如果你把握不了分寸，那麼你還是先少發為妙。

懂得管理情緒才是聰明人

我有個朋友，他總在該發脾氣時不發脾氣，不該發脾氣時亂發脾氣。

比如，他辛苦加班工作，一起合作的同事卻獨吞了這項工作的獎金，且不止一次。我覺得這時候，他就應該表明態度，對同事說不。可是他覺得這沒什麼，因為錢不多，沒必要斤斤計較，怕會傷了和氣。

可是我認為這是原則問題，和錢的多寡沒有關係：錢多，不該這樣；錢少，也不該這樣。如果你沒有第一時間表達出你的底限，對方就會得寸進尺，這次吞你一塊餅，下次吃你一個瓜，胃口越來越大，慢慢地，他就會習以為常，完全意識不到自己有錯，因為你從來不生氣。

有些事，你為什麼非要等到忍無可忍才去翻臉呢？面對這樣的人，你早晚會得罪，你越晚發脾氣，你的損失就會越大，你們之間的裂縫也會變得更大，而他也不會因為你前九次都讓著他，最後一次不讓著他，就體會到你的用心良苦，反而會更不高興。

我前同事開了一家化妝品店，經常有親友去她那裡買吸油面紙、護手霜，反正都是一些廉價商品，有些價格也就幾十塊而已，但她每次都堅持要收錢。

她說：「既然是買賣，即使僅是幾塊錢，也必須付錢。即使我們關係再好，我寧願最後將這筆錢全拿出來請你們吃飯，也要收錢。賣東西就是要收錢，這是我做生意的原則。」

是啊！如果她沒有這個原則的話，那麼今天向她要吸油面紙的人，明天就會向她要洗面乳，後天再跟她要眼霜……，然後一傳十、十傳百，不用多久，她的店大概就關門大吉了。

我那不好意思對同事發脾氣的朋友，這次被同事吞了五百塊，下次可能被吞六百塊。其他同事呢？看到有人這樣做他卻沒什麼反應，會不會誤會他視金錢如糞土，也因而仿效呢？

所以，在和你經常打交道的人相處時，要建立交往的秩序和界線，這是為了避免以後發生重複的傷害，造成更大的誤會和損失。

這個不好意思和同事發脾氣的朋友，跟陌生人發脾氣卻又覺得特別理所當然。比如，他騎車跟別人發生碰撞時，總會勃然大怒，與人發生口角。據說這是所謂的路怒症，很多人都有。

然而，這種脾氣是我最不建議出現的。為什麼呢？

罵人是為了罵人嗎？罵人是為了讓對方糾正錯誤，可以避免再犯。但因為對方是陌生人，你沒有義務去教育一個萍水相逢的人，不管你罵不罵他，他再次衝撞你的機率幾乎是零。

更何況，你和陌生人吵架，是將自己置於一個非常危險的境地：因為你不知道他是街頭混混還是精神病患，不知道激怒他之後，他會出現哪些過激反應……。

我沒有在危言聳聽。有些人會認為對陌生人發脾氣是不需要付出代價的，可以恣意宣洩，可是一旦承擔，其代價巨大。

我曾看過一部真實的影片：一名女人在路上和陌生男人發生了輕微碰撞，本來雙方已經準備走了，就因為女人坐上機車時隨口罵了一句髒話，被瞬間暴怒的男人從機車上拉下來，把她活活打死。

還有一則新聞：一個推著嬰兒車的女人和一個開車的男人發生口角，結果那個男人衝出來，將嬰兒車裡的嬰兒摔在地上。

這種案例不少見。什麼是無妄之災？這就是了。明明是微不足道的小糾紛，卻讓自己大禍臨頭。

這些新聞讓我意識到，路人是易怒的，也是危險的，所以要記住：識時務者為俊傑。對於路人，在一些小摩擦上我們應該多點包容，不要輕易發脾氣，因為未來我們不需要和他們打交道。

當你不知道哪些脾氣該發時，可以用這項標準來判斷——發脾氣的初衷是為了解決未來的問題、爭取重要的利益，是為了建立長期規則或達成某種共識，而不僅僅是為了宣洩情緒。而不該發脾氣和少發脾氣的情形包括以下幾種：

一、家人、親友。

如果你相信家人是真心愛你的，無論在這件事上他是有意犯錯還是無意之舉，是單犯還是累犯，你都應該多包容，而不應該發脾氣。相反地，你要好好和他溝通，因為他對你沒有惡意，不會存心惹你不高興——如果他改不了，說明他無能為力，你就多想想他好的一面；如果他真的一無是處，那就不要再交往。

二、無心之過。

同事不小心弄髒你的衣服、不小心弄壞你心愛的物品，你確定他不是故意的，就算生氣也要原諒他。

三、無法挽回的損失。

另一伴因為貪心被騙了一大筆錢，你若是發脾氣就是在火上加油了。我相信闖禍的人已經很自責，不用你多說，他日後也會變得警惕。

四、無關緊要的雞毛蒜皮之事。

比如他約你去吃飯，最後不付錢。這種事不用生氣，下次不要和他吃飯就好了，因為你可以單方面控制同樣的事再發生。有些小事也需要發脾氣，因為要防止它重複發生或擴大。

五、因為生病和缺陷導致的錯誤。

比如，我非常健忘，經常忘記關燈、關冷氣、關門……等，家人時常指責我，我總會回答：「我記性差，你以為罵我，我下次就會記住嗎？」每次忘記帶手機，回家拿手機的路上，我就已經在心中狂罵自己一百次了，但還是會不斷地忘記帶手機。如果真想改變我，還是多買點銀杏給我，幫助我恢復和增強記憶力吧！

安慰對方要巧用「順從心理」

有一天，朋友在微信上告訴我：「我和同事吵架了！」她怒氣沖沖地向我講述事情經過，控訴她同事是怎樣的雙面人，不僅搶走她的客戶，還在主管面前說她壞話。

我聽了之後也憤憤不平地說：「妳同事這麼壞啊，竟然這樣對妳！他在哪裡，我跟妳一起去找他，我們把他暴打一頓，然後掐死他，再丟進水池裡。」當然，我們兩個手無縛雞之力的弱女子，當然不可能真的去打一個男人，我故意說得誇張，只是想用言語替朋友洩憤。

朋友聽了我的話，怒氣消了一半，竟反過來跟我說：「其實也沒有妳想的那麼嚴重啦……」然後，我們兩個你一言我一語地在微信上咒罵這個可惡的同事。我告訴朋友，從前自己也遇過同樣的情形，當時非常生氣，也非常想暴打對方，不過最終我也只能藉話語來發洩。

有些人有這樣的誤解，以為在朋友憤怒時，自己一定要充當一個冷靜的角色，替朋友分析、反省，這樣才能幫助朋友在憤怒中做出正確且理智的判斷。所以，當朋友跑來對你說同事壞話的時候，你以客觀公正的立場一本正經地說：「我覺得在這件事情上你也有責任……」接著，講一堆大道理給朋友聽，以為這是為朋友好。結果，朋友聽了反而更生氣。

這其實不難理解，我們來換位思考一下：有一天，你對朋友說，樓上那個女住戶又把髒水滴到你晾著的乾淨衣服上，氣得你上樓罵她，她不但不認錯還反過來罵你。這時，你是希望聽到朋友說「這女生太壞了，你竟然遇到這樣的鄰居，簡直是沒天理」還是希望聽到朋友說「一點小事就這樣大張旗鼓，你做人不要這麼斤斤計較」？

我猜想，你會選擇前者，因為你之所以找人傾訴，就是想從朋友那裡得到支持和安慰。結果對方反過來批評你不會做人，那一刻，你會覺得對方那麼冷靜理性、高高在上地說教子，看起來真的好討厭！

雖然朋友講的道理並沒什麼錯，可是當你在氣頭上，會想要有人和你感同身受，而不是用局外人的模樣來對你指手畫腳。這樣以後你再遇到什麼事，肯定都不想找他說，因為你會覺得說也沒用，他根本不明白。

所以，你還相信忠言逆耳嗎？以為一定要堅持說朋友不高興且正確的話才是對朋友負責任？其實，那個朋友並沒有你想像中那麼愚蠢，不需要時時刻刻替他判斷對錯或是對他講大道理。他能成為你的朋友，智商絕不會比你低太多，你懂的道理，他也懂。你不必替他反省，該反省的事情，他可以自己來。當他生氣的時候，你陪他一起找麻煩就好了。

那天，我的朋友並沒有因為我說的話去採取任何不理智的行為，她的火氣很快就消了。因為她覺得有人能對她憤怒的事感同身受，能理解她，從而安撫她，這樣就可以了。

當朋友氣憤的時候，最好的安撫方式是「感同身受」，模仿他的情緒，陪他一起生氣。這在心理學上被稱為「鏡子法則」。

然而，當朋友悲傷的時候，我們又該怎麼做呢？

我經常看到一種情形，當某個朋友透過狀態或在微信發表幾句傷心話時，就會有一波人蜂擁而至、七嘴八舌地追問：「怎麼了？」、「發生了什麼事？」、「到底出什麼事了？」

我從不這樣問，因為我知道，這種情況下當事人通常是不會說的。

當你的朋友遇到特別傷心的事時，請給他充分的時間和空間，不要急著去追問。因為這會令他覺得，你並不是真的關心他，你只是想要八卦，而你在消費他的悲傷。

你的追問可能會讓他覺得不舒服，產生防衛心，於是，越被問就越不想說。

所以，當朋友悲傷時，只要靜靜地陪在他的身旁，什麼都不要問，當做什麼事都沒發生，直到他主動提起。

心理醫生也是這樣做，無論諮詢者沉默多久，他們從不會主動去提問和催促對方，而是隨著對方的節奏。順著朋友的節奏，在他沉默時允許他沉默。如果你覺得在這件事上你非要表示關心且不能假裝視而不見的話，你可以對他說：「你還好嗎？我可以為你做些什麼嗎？」

第一句是表示：我不關心你發生了什麼事，我只關心你；第二句則表示：無論發生什麼事，我都在你身邊，願意為你付出綿薄之力。

當朋友開口向你傾訴他悲傷的經歷時，不要急於表態，也不要輕易地說「我明白」。這三個字，可能會讓對方很不舒服。對方痛失至親，你家又沒死人，你明白什麼？對方離婚了，你婚姻美滿，你明白什麼？對方生了重病，你活蹦亂跳，你明白什麼？

如果你有經歷過對方同樣的感受，這樣說可能還好。比如，你可以對一個失戀的朋友說，我上次失戀的時候也像你這樣難過，我完全能明白你的心情。但如果你從未經歷過對方此刻正在經歷的事情，最好不要輕易發表意見，否則，任何表態都有可能會被對方視為得了便宜還賣乖。

那要怎麼安慰對方呢？不要對朋友悲傷的事隨便發表意見，只要表示關心和陪伴就好了。比如，你想做什麼我陪你，你想要什麼我幫你買，你想喝酒我陪你不醉不歸，這些可以讓對方感受到你是真的關心、在乎他，雖然你不知道該如何安慰他。

陪伴是最深情的告白，不管發生了什麼事，至少讓他知道還有你這個朋友會待在他的身邊，這就是莫大的安慰。

別人不會教你的是——人生如戲，全靠演技

銷售部同事小C業務能力極強，因為工作有交集，她經常會來我們部門。她熱情又親切，總令人如浴春風。

前不久小C辭職了，她的態度也有了三百六十度的大轉變。和她在網路上討論交接工作，她的風格變得簡單粗暴且極不耐煩，一言不合就投訴到前主管那裡，讓別人來溝通。

和她交接的同事對我說：「小C變了，現在態度很差，口吻也是居高臨下的姿態。」

我調侃地說：「不是小C變了，是她摘下面具了。」

我舉這個例子，不是要批評別人虛偽。曾經，我一個極好的朋友對我說：「真誠是一種被過分抬舉的美德。」

當時我對他這句話感到不以為然。事隔多年，我終於懂了。

我們公司年終有評優活動，包括各部門主管對每個部門分別評分，再由行政部負責收集、統計分數，選出優秀部門。毫無意外，行政部年年優秀。

有一年，很多主管議論紛紛，認為行政部這種球員兼裁判的制度並不公正，還有人跑到總經理那裡反映，當時的總經理在主管例行會議中說：「聽說大家對行政部被評為優秀部門不服，大家覺得有必要修改制度、重新評分嗎？」

行政部主管虎視眈眈地坐在總經理旁邊，大家都很怕，沒有人敢出聲。

總經理便說：「覺得不需要重新評分的人舉手！」

先有一個人舉手，然後其他人扭扭捏捏、不情不願地舉起了手。不管是吐槽過制度不公平的人，還是跑到總經理那裡反映制度不公的人，竟然都舉了手。

只有我一個人沒舉手。

當所有人都粉墨登場而只有我誠實的那一刻，我感到一陣寒意——我覺得自己是《國王的新衣》中那個沒穿衣服的國王。

我突然覺得好羞恥……

所以，如果可以重來，我不僅要第一個舉手，甚至希望還能厚顏無恥又無比真誠地說：「行政部這麼優秀，全公司上下都有目共睹，之前的結果已是實至名歸啊！」

還有一回，一位同樣寫文章的朋友發來了冗長的文章，請我評點、指教。

我信以為真地將文章從頭看到尾，中肯又認真地指出他的語病，提出可供他改進的建議。結果，他冷冰冰地回道：「我寫文章沒太大抱負，就只是要圖個高興。」

好吧！我又真誠地讓別人不高興了。

而另一個朋友根本沒看他寫什麼就面不改色地回：「拿你和亦舒比，我是不願意的，其實你的文風更像張愛玲。」

評論的水準高下立即見曉，當事人立刻將他設為知己。

這種話可能在旁人看來演技浮誇，不過別擔心，當事人永遠不會察覺。比如，我朋友的粉絲有天稱讚他更新的文章：「你寫得這麼好還沒有成名，一定是隱藏得太深了？在我看來，你是中國排名第一的推理小說作者。」

聰慧如他，看到這段話竟也興高采烈地截圖並刊登出來。

所以，如果你們留言誇我：「這是我看過最有效用的勵志文，從來沒見過像你這麼優秀的作者」，我也會心花怒放。

很好，你們儘管往要害誇吧！我最愛看現實中的人演戲了。

曾經有位同事，以前每次做年終報告的時候，我都很想給她遞紙巾，因為她每次登臺發言必哭——有時說起在工作中遇到的艱辛、遭受的屈辱，說著說著，眼角就泛起淚光；有時表達對公司、對老闆栽培的感激，說著說著，就潸然淚下。

別說老闆了，我這個和她完全沒交集的同事，每回聽她聲情並茂地講話，都有種自慚形穢的感動，覺得她太拼、太忠心，而我太對不起公司了！

與她共事多少年，就見識過多少場哭戲。說人家哭是演技好，好像不太公平，可能人家的辛苦是真的，當時的感觸也是真的。只是相比之下，我們這種不管做過多少事、吃過多少虧都只能忍氣吞聲的員工，在主管面前表現得雲淡風輕、在講感言時可能輕描淡寫、一筆帶過的員工，好像很吃虧。

多數老闆不大知道員工真正在做些什麼，真的會憑員工的全部表現來判斷工作表現的，又有多少個呢？

我這位同事很優秀，很快地自己開業，吸引了很多原公司優秀的人才跳槽，事業一帆風順。而我這種不忠心又不優秀的蠢貨，還十年如一日地守在原地，被老闆討厭。

有人說，三十歲以前拼智力，三十歲以後拼演技。連亦舒這麼耿直的人也說：「如果你真的生她的氣，那麼表面上越要客氣，越不要表現出來，不要給她機會防範你，吃悶虧。」

可我們從小受的教育是「好孩子不說謊」，要我們展現真誠、鄙視虛偽，導致很多像我這樣從小被誤導到長大了演技還是零分的人，感覺上當受騙。

在這瞬息萬變的世界裡，七分靠拼，三分靠演。所以，再也別相信「路遙知馬力，日久見人心」這種鬼話，大家都那麼忙，你不演，誰有耐心慢慢研究你的心？

這時你會問：「我演技差，怎麼辦？」

要練啊！誰是天生就有演技的？你看娛樂圈那些演技派，無不是在中年之後才漸入佳境的？怎麼練？當然先從簡單的開始。選定一個平時最討厭的同事，稱讚他穿的那件醜衣服：「你的衣服真好看，品味越來越出眾了呢！」而將來有天，你也可以對曾經恨得牙癢癢的上司熱淚盈眶地說：「你是我見過最有人格魅力的老闆，是我這輩子的人生導師！」

不要覺得心虛，不要認為自己從此就變成卑鄙無恥的虛偽小人，因為好人也需要心機。妳是女的，就當自己是甄嬛、武則天，天將降大任於妳；你是男的，就當自己尚在「潛伏」，大義在身，不得不偽裝。

千萬別做一個說話「太」幽默的人

同間辦公室的男同事，專門負責搞笑。他演技一流、表情豐富，說起笑話總讓人捧腹大笑。以致於有一年，他在公司尾牙表演時被電視臺的導演看上，讓他上電視表演了兩集短劇。

這樣的人，人緣通常很好。誰不想有個好玩的朋友？沒事逗自己笑開懷。於是，我們辦公室的同事，要嘛成為他的好朋友，要嘛成為他的女友。

這是一件多好的事啊！搞笑的人就是魅力四射、老少通殺。

不過，劇情的誇張之處在於大家根本不知道他在辦公室裡交了個女朋友，而且還是兩個，而兩個女朋友都自願為他隱瞞，走地下情路線。

有一天，當真相被揭發時，我們這些不是他女友的人都瞬間傻眼。這麼誇張的故事，竟在大家的眼皮底下發生，我們卻毫不知情。

過沒多久，我們又發現樓下其他公司裡，他也有女朋友，還有一個他想變成女朋友的女生朋友……

所以，你覺得搞笑的人吸引你，你義無反顧地往他的搞笑狂奔而去，此時要清醒地知道，其實他也在吸引別人啊！

柴靜曾採訪一位女作家：「為什麼選擇和一個盲人歌手在一起？」

女作家的回答是：「王小波的小說裡寫到，一個母親對女兒說，一輩子很長，要跟一個搞笑的人在一起……」

這個回答無可厚非。可惜她和他的故事卻無法延續一輩子，在一起四年後他們分手了。據說是因為那個盲人歌手劈腿。

我舉這兩個例子，想表達的不是所有搞笑的人都會花心，而是在每個人面前表現得都很搞笑的人，很可能本身就是個三心二意的人。

想讓自己看起來風趣幽默，需要具備兩點：一、在口才方面有天賦，肯努力表演；二、試圖取悅他人。

也就是說，大部分的人其實都具備讓自己變得搞笑的能力，如果他在人前顯得無趣，只是因為他不想取悅對方。

比如周星馳，他應該算是搞笑的人吧？但是，在現實中和他打交道的人，都說他是個乏味的人。

是不是他一不拍戲，搞笑的能力就消失了？

不，只是他覺得沒必要。做為一個演員，他首先要取悅的是觀眾；其餘時間，他可能覺得沒必要這麼搞笑。畢竟，搞笑也是一件要花力氣的事情啊！

如果我願意花力氣、用點心，也是可以在文章裡妙語連珠。但在生活中，我其實也是個乏味的人，因為我要把我的搞笑留給我的讀者。

當然，遇到喜歡的人或心情好的時候，我不介意搞笑一下。

所以，搞笑只是一種可以經學習而得到的技能，也是一種表演。對一個人搞笑是專情，為工作搞笑是敬業。

在所有時間、所有場合，到處表演搞笑，就像孔雀開屏是為了求偶——當一個人搞笑四射的時候，其實就是在公然撩撥所有人，對所有異性發出信號：看看，我多幽默、多搞笑，快來喜歡我！

這就是為什麼很多看上去風趣幽默的人往往都是濫情之人的原因。

相處時間久了，熟悉了彼此搞笑的套路，你會發現原本讓你覺得那麼有趣的人，遠不如初見時那般有趣，隨後其他的缺點也會慢慢浮出水面。

一輩子很長，你真的要為了搞笑這一個脆弱的理由，義無反顧地去愛一個人嗎？

這是你在年輕時值得去犯的錯

每個人都有夢想，而我們最想做的事，往往是普通人認為難以維生的工作，比如，寫作、唱歌、演戲、畫畫、遊戲、跑步……等。當你膽敢向周遭的親友宣佈，你想做上述其中一種工作，至少會有一大半的人斬釘截鐵地告訴你：「這不可能，你別傻了。」於是便導致很多人站在夢想與現實之間舉棋不定——我要不要做我喜歡的事呢？可是養不活自己怎麼辦？

怎麼辦？我現在來告訴你！

大約兩年前，有位作家跑來問我：「因為工作的雜誌社倒閉，我失業了。現在要去寫網路小說，我想用幾年時間去試一試，你覺得我行不行？」

這位作家是我熟識的朋友，之前在雜誌上發表過很多文章，出過幾本書。可是，以我對他寫作天分和努力程度的了解，我很肯定且確定地對他說了三個字：「你不行！」以我們熟悉程度和他的性格，他允許我直言不諱，所以，他毫不介意地追問我：「為什麼？可以詳細說明嗎？」

我跟他解釋：「假設做生意是十分之一的人在賺錢，做網路作家就是千分之一的人在賺錢，買彩票則是萬分之一的人在賺錢。雖然做網路作家賺錢的機會比買彩票會多一點，但你幹嘛不直接問我，你用一生去堅持買彩票，賺不賺得到錢？當然，報紙上會報導誰中了幾百萬的頭獎，就像報紙上也會報導哪個網路寫手一年賺了幾百萬。你非要認為那個人是你，我也沒有辦法。」

他聽完後很沮喪，似乎打算要放棄，但我話鋒一轉：「重點不在於此，重點是你去寫網路小說，幾年沒收入會餓死嗎？」

他告訴我：「不會，我單身且有積蓄。」

我不假思索地說：「那你就應該去做想做的事。在既不連累別人又不會餓死的情況下，就應該去為夢想勇敢一下。」

接著，他問我：「為什麼？」

我認真地回答他：「我支持你去寫作，並不是因為我認為你一定會成功，而是因為這是你的夢想。如果你這一生不曾為自己的夢想全力以赴，你的一生只能將就你不喜歡的工作，過你不想過的生活，你會因此不快樂。你每天『身在曹營心在漢』，眼前的工作做不好，還覺得自己身後有退路——夢想之火還一息尚存，它時不時地撩撥你、騷擾你，讓你不得安寧，讓你不肯甘心。與其做別的工作時三心二意，還不如為夢想拼搏一把。堅持個幾年，成功了當然好，不成功也不後悔。畢竟這種失敗也有意義，至少會讓你知道自己努力的極限在哪裡——如果自己根本不是那塊料，那就認命，就此好好工作。」

兩年過去了，當我在網路上遇到他，問道：「寫作進行得如何？」

他淡淡地回答我，已經不寫了。

結局如我所料。然而，即使時光倒流，他再問我一次，我仍會一字不改地做同樣的建議。

很多勵志文章會寫一些讓人熱血沸騰的成功故事，讓你相信只要努力就會成功。我之所以寫一個失敗的例子，並不是要潑大家冷水，而是因為，我覺得在追求夢想的過程中，比熱忱更重要的是：坦然面對努力會失敗的風險，在清醒中做出選擇。這是對自己的人生負責。所以，你要不要選擇堅持夢想，不用急著問成功的概率有多大，重點在於你犯不犯得起這個錯誤。

如果你家裡一窮二白，我不會鼓勵你讓你媽媽賣血來供你追求夢想；如果你一不工作，你兒子馬上沒奶粉喝，你不該辭職去追求夢想。但是，如果你年輕，不工作幾年也不會餓死，你為何不去試試呢？

去做，大不了就是輸了，再重新來過就好。如果你想用漫長的一生去過自己不喜歡的生活，幹嘛那麼著急呢？

成功是屬於有勇氣的人，更是屬於輸得起的人。完美的人生，向來不是不犯錯或不跌倒。總有一些事、一些人，值得我們飛蛾撲火，即使僅有萬分之一成功的可能，即使結果可能失敗，但它也是值得的。比起那些一生不犯錯、碌碌無為的人，同樣平凡的我們，至少嘗試過。

如果再有人問我一樣的問題，我一定會反問他：「在你不會餓死的前提下，你願意為夢想多走一段彎路、多受一些苦、多浪費幾年時間嗎？你願意少賺一些錢並且勇敢地承擔一次失敗的可能嗎？」

是的，我願意。

炫耀，也要等風來了才行

有很多文章愛宣揚：會花錢才會賺錢，存錢不如存技能。

這種論述很受讀者歡迎，因為世界上會花錢的人——「月光族」要遠遠大於會存錢的人。這種文章，可以適當讓大家減輕一些亂花錢的內疚感。

有一次，我有位朋友興沖沖地轉發了一篇呼籲年輕人不要存錢的文章。作者在文中聲稱，他不再小氣地省錢以後，一年之後不僅沒有比以前更窮，賺錢的能力反而大大提升了。

朋友對我說：「我覺得他說得很對。」

我堅定地說：「不對。」

這種文章真是誤導年輕人啊！我敢保證，如果每個月把所有錢花光光，欠了一屁股卡債，百分之九十五的人次月、次年會過得更慘。

那種花了錢能變得更會賺錢的人，是因為他們原來就有能力、肯努力且運氣好。可是，把錢花光對大多數人來說，並不意味著能力、運氣和努力程度就會因此而改變——如果你非要認為自己會是那百分之五的人，我也沒辦法。

會花錢才會賺錢？這句話，在很大程度來說被人們誤解了。

有些讀者認為，應該住更好的房子、去更貴的餐廳、穿更高級的衣服，因為對物質的渴望與追求，會促使你對賺錢保有熱情與動機。

是的，我承認做一件事的動機很重要。然而，在賺錢這件事上，除了四大皆空的出家人外，試問，誰會沒有動機？只是，大多數人空有動機，沒有行動力，或者有行動力，卻缺乏賺錢的能力、機運。

其實，我認為這裡的「會花錢」應該是指擅長花錢，而不是指愛花錢。兩者的區別，就好比會唱歌和愛唱歌，是完全不同的兩件事。

什麼叫擅長花錢？就是把自己有限的錢以科學合理的方式進行管理、分配，投入到投資報酬率最高的地方。舉例來說，近十年，把錢花在買一間房子就是擅長花錢。

實際上，現今很多人並非不知道買房會賺錢，而是存錢的速度跟不上房價上漲的速度。

幾天前，有位作者朋友跟我聊天，說他剛工作的時候，當地房價一坪不到一萬元，可是他繳不起幾十萬塊的頭期款，只能眼睜睜地和這低廉的房價失之交臂。過了幾年，當他存夠了二十萬元的時候，首付變成了四十萬元；當他存夠四十萬元的時候，頭期款已變成一百萬了……

我很替他惋惜。房價一坪不到一萬元的時候，他的月薪大約是六萬元，收入秒殺了當時百分之九十的白領。他說，沒存到更多錢是因為當年太追求生活品質。

現在，他已經算是有一定知名度且很努力的作者，可是有什麼用呢？十多年的勤奮工作加寫作所得的收入，竟追不上一間房的漲幅。

如果當初他願意犧牲一點生活品質，多存一點錢，花錢的眼光再準確一些，也無須在今天懊悔了。

所以，會存錢才會賺錢。因為有足夠的閒錢，你才能有準備地「等風來」，才能在下一次出現賺錢機遇的時候，氣定神閒地進行投資。

再者，存錢不如存技能。存技能不是不對，只是，我想說，如果你沒有錢，你根本很難去學到讓你賺到更多錢的技能。因為獲得技能是需要代價的，是要用時間和金錢換取的。

有一個網友留言給我：「我很厭倦目前的工作，每天都是簡單枯燥的忙碌，這份工作既不能讓我學到東西，又不能讓我賺到更多的錢，我該怎麼辦？」

我建議他利用業餘時間多學些技能，以便有資本跳槽，進而找到更好的工作。然而，他說：「我每天工作十幾個小時，回家洗個澡就半夜了，連娛樂的時間都沒有，更別說去學習了。」

我很無言，不知道要說什麼才好。

因為沒有好技能，所以找不到好工作；因為找不到好工作，所以存不了錢；因為手裡沒錢，所以不敢辭職不幹；因為不敢辭職，所以沒時間去學更好的技能。於是，生命陷入了惡性循環。

所以，你會發現，沒有錢就等於沒時間，沒錢、沒時間就不可能存到什麼新技能。人人都知道：存錢不如存技能。可是你說，這年頭學什麼能賺錢的技能不用錢？做伏地挺身嗎？

對了，語言、烘焙之類的技能是可以在家自學。可是，那些能夠自學的技能，要嘛在勞動市場上相對廉價，要嘛是你需要為此付出更多努力和時間。

這錢不該省！各位，存錢是會賺錢的啟始點，所以好好存錢吧！

不要急於否定一切

前段時間上網，看到網站頭條文章，是個外縣市年輕人連載的日記，文筆尚可，最重要的是很多人回覆。

年輕人在帖子裡說，他來福州一周了，剛開始為了省錢沒住旅店，住在網咖。現在房子租好了，還沒有棉被，去超市看，棉被太貴，暫時捨不得買。

看到這裡，我的同情心小小地氾濫了一下。鬼使神差，我加他為好友，傳了訊息給他：「我可以送你毛毯，這樣你就不用買棉被了！」

實際上，我加他還是有私心的，我當時正在給自家論壇找管理員，而他正在找工作。我想，或許論壇需要一個有文采、有人氣又有發文熱情的管理員，而這個文藝青年正好適合。

於是，我開始和他聊起天來。我問：「你在找工作呀？」本來後半句是「或許我可以幫得上忙」，但出於謹慎，我只說前半句。

他說：「是啊！」

我接著問：「那你以前做過什麼工作？」

他說：「做過桌球室的職業經理人，專門幫助瀕臨破產的桌球室起死回生。」

聽起來很強的樣子，雖然我不了解這個職業，但我腦海中瞬間浮現了以前看《酒店風雲》，那個專門收購、重整瀕臨破產的酒店的金融精英之形象。

原本想邀他共事的心稍稍退縮了一步，我好奇地問：「你很厲害呀！那你來這裡想找什麼樣的工作？」

「和我原來的職業類似的都可以，我能吃苦，最好是創業型的公司……」他一副躊躇滿志的樣子。

我深感佩服，這是個有理想、有抱負的青年，而我原來想給他提供的管理員職位，頓時感覺有些拿不出手。

結果，他又補充了一句：「只要不是那種坐在辦公室，吹著冷氣、盯著電腦、喝茶喝咖啡的工作就行了。」

我被擊倒了。坐在辦公室、盯著電腦、吹著冷氣、喝茶喝咖啡——我不幸地四條全中。唯一細微的區別是，有的同事喝咖啡，有的同事喝可樂，而我最常喝白開水……

面對恨不得開天闢地、胸口碎大石的熱血青年，「老臣」我自慚形穢，覺得上班喝水竟也是一種罪。

可是，坐在辦公室、盯著電腦也很辛苦好不好？我們搞網路的，不盯著電腦，事情就沒辦法做；不坐辦公室裡，難道要坐在大馬路上？至於吹冷氣和喝茶都是生理需求，好嗎？為什麼要將這些變成鄙視一種職業的理由呢？

但是，我當時沒想這麼多，也沒有反駁，繼續表示對一個有志青年的尊敬。只是在和他聊天的過程中，我從想介紹一份工作給他，到沒有這個想法了。

於是，話題從我問他答變成了他問我答。

他問：「你是做什麼工作的？」

我告訴他，我在一家網站工作。

接下來他又問了一個問題：「你們網站是什麼背景？」

注意！他用的是「背景」一詞。這讓我很佩服他，因為二十幾歲的年輕人，已經深深明白背景遠比工作本身重要。想當初，我剛畢業的時候，什麼都不懂，只會問面試官，我一個月的薪水大概是多少錢……突然感覺我的目光竟是那樣短淺……

我稍微回答他一下。

他仔細地問了很多，最後認真地說：「你們現在有在徵人嗎？」

我說：「有。」

他一反常態地問我：「薪水多少？有保險嗎？是什麼樣的職缺？」

我看出他對這行很感興趣，但我也如實地告訴他：「有是有，但這工作不適合你。」

他問我為什麼，我慢吞吞地說著：「因為我們徵的正是……坐在辦公室、盯著電腦、吹著冷氣、喝著茶或咖啡的工作。」

他笑著說：「我也可以做啊！我很適合的。」然後喋喋不休地向我推薦自己。

我突然覺得索然無味。我寧願他繼續鄙視我的工作，對我原來想給他推薦的職位嗤之以鼻。

因為，我對他會喜歡這份工作這句話已經失去信任了。

所以，當你不了解自己或別人時，請先不要急於否定一切。

高品質示範是最好的溝通

有種女人，在孩子出生的那一刻，她本人就消失了——她通訊軟體上的頭像不再是她自己，而是她的孩子。她也沒有自己的網路名稱了，就叫某某寶寶的媽。

她不再是她，而是寶寶的媽，她變成了孩子的代言人，在朋友圈裡發的永遠是孩子——孩子哭了、孩子笑了、孩子在遊戲、孩子在學習、孩子去比賽、孩子得獎了……

如果參加聚會，話題也永遠圍繞著孩子——孩子多聰明、孩子多可愛、孩子多孝順、孩子多貼心……

每個媽媽在自己的獨家故事裡沉醉，而這些故事可以讓她們講個三天三夜。

愛孩子，把孩子當做自己的驕傲，是母性的本能，這無可厚非。然而，許多女人往往不是刻意要隱匿自己，只是自認為人生已乏善可陳，所以把希望寄託在孩子身上。

她們覺得最重要的工作就是把孩子帶好，覺得最大的夢想就是把孩子培養成才。於是，週末陪孩子，旅行也是帶著孩子去，如果去學習就是在學怎麼把孩子教育好。

這樣，仍有人覺得不夠。因此，有人開始討論媽媽該不該辭職，用自己幾年的陪伴換孩子的三十年。她們認為，只要犧牲了自己的事業和時間，就可以為孩子換來更輝煌的人生。

這種想法很一廂情願，如果妳自己不夠優秀，再多的陪伴也只會給孩子帶來錯誤的示範。時間的長度不會改變品質，否則，全職媽媽用時間陪伴出來的孩子都是天才。

還有一種觀點是，讓媽媽們回到職場更有利於親子教育。因為工作可以讓媽媽知識面更廣、眼界更寬、心理素質更強、待人接物更訓練有素，還可以在孩子面前做個很好的榜樣——孩子看到媽媽這麼努力，自然而然也會仿效。

曾經面試過一個為了帶孩子而離開職場幾年的媽媽。我問她，平時都上哪些網站？都閱讀哪些書？這些非常簡單的問題，她全都答不上來——她也三十歲左右，沒上幾年班竟然已經與社會格格不入了。

我不是歧視全職媽媽，我也認識很多優秀的人，後來做了全職媽媽。比如，我認識的一個朋友，她本來是心理學博士，辭掉大學教職回家帶孩子。在帶孩子的過程中，她從未放棄學習，讀了很多書，主動去和有深度的人交流。

我相信這樣的全職媽媽，帶出來的孩子一定不會差。

妳可以全職帶孩子，但這不意味著妳要關閉自己的心眼，全盤放棄追求和修練自己的人生。陪孩子最重要的不是教育、不是督促，而是示範。不是妳天天追著連續劇，卻對孩子說不要看電視；不是妳沉迷於玩遊戲，卻對孩子說要努力學習；不是妳開口閉口都是髒話、謊話，卻讓孩子要講道理、講禮貌；不是妳整天一頁書都不看，卻要孩子熱愛閱讀。

總之，不是這些。

有些做父母的整日習慣對子女指手畫腳，你該這樣、你不該那樣。等到子女大了，他們心裡根本不屑——就算照你的話學足十成，最終也不過是成為像你那樣的人。

教育孩子之前，先看看自己的樣子，有什麼是值得孩子學的。當你自己是個優秀的人時，才有足夠的分量和說服力去教育孩子。

許多父母都喜歡說：「我這輩子就這樣了，我們家以後就靠你了！」而說這種話的家長往往就會是小孩未來三十、四十歲的模樣。

人生那麼長，你才走了一小半，正值壯年，是最有能力、最強大的時光，你卻宣佈你要對自己的人生放棄理想和改變，把對命運進行反擊的重擔壓在一個未成年孩子身上。

有些人誤解了人生，以為奮鬥是年輕人的事——小孩子只要努力讀書，二十幾歲的人再去努力打拼、再去實現理想。到了三十歲後，一切都晚了，人生已經定型了，這輩子就只能這樣了。

我發現很多二十幾歲的年輕人也這樣想。兩天前，我勸一個失意的讀者，讓他先去找一份工作，等賺夠了錢再來追求夢想也不遲。

結果他說：「可是等到那時候，我已經三十歲了。」我覺得好無奈——三十歲，又怎麼了？人生也只過了三分之一，難道三十歲了就該躺平然後等死了嗎？

褚時健在七十五歲時承包了一片荒山，開始種柳丁，柳丁結果要花六年的時間，他滿懷信心地等到了八十一歲。

摩西奶奶，七十六歲開始學畫，八十歲舉辦個展。

與他們的成功相比，我更羡慕他們有一顆永遠不老的心。有些人把外表修飾得無懈可擊，一開口卻老氣橫秋，對夢想這個詞嗤之以鼻，拒絕人生所有的可能性。

夢，只放在孩子身上做。

如果你甘於平庸卻指望孩子努力且成功，不要忘了有句俗話「龍生龍，鳳生鳳，老鼠的孩子會打洞」。麻雀教不出雄鷹，你自己選擇做隻笨鳥，卻總要孩子先飛。

好吧！就算你的孩子天賦異稟，一定能青出於藍而勝於藍，而孩子是你的驕傲，但你是孩子的驕傲嗎？

正因為有了孩子，更不可以輕易放棄自己的理想。希望孩子能成為優秀的人，希望孩子能擁有優良的品質，就要先要求自己擁有和做到。

因為深知言傳身教的重要性，所以要努力讓自己成為一個優秀的人，讓孩子更接近和擁有優秀與成功的可能。然後，有一天，你可以親口告訴他：父母做得到，你也一定可以。不管世界多麼現實、多麼殘酷，不管多老，爸媽都還在努力、還在堅持、還在追求夢想，所以，孩子，你千萬不要輕易放棄哦！

最好的教育，是活出自己的精彩，然後帶著孩子一起飛。

這時代，社會階級越來越穩定，能反擊人生的機會也變得越來越小，所以，你的高度決定了孩子的高度，而從你目前的樣子，可以大致看出你的孩子未來會變成什麼樣子。

第三章

叢林生存的心理攻略

想成為一個擅長說話的人，

首先需要學習的不是說話技巧，
而是在心態上摒除對說話的誤解和偏見。

對待別人真正公平的方式，
不是去批評別人的錯，
你會發現，去肯定別人並不是一件難事。

洞悉人性：別掉入朋友的陷阱

有朋友向我訴苦：「魯西西，我好生氣喔！兩天前，我發現我視為最好朋友的人，竟在背地裡把我貶得一文不值，還對別人說我人品差。可是，她一邊說我的壞話，一邊又與我親密無間。這到底是為什麼？」

其實，癥結點就在於太「親密無間」。

誰沒幹過幾件見不得光的事呢？有些朋友在一起久了，難免會互相心生鄙視。因為關係好，就沒有掩飾的必要，於是，彼此隨便交換秘密，以便使關係得以親上加親——你知道我考試作過弊，我知道你談戀愛劈過腿，甚至，你知道我偷過室友的口紅，我知道你去夜店鬼混過。

有人在電視節目《奇葩說》裡發表過這樣的言論：最好的友誼，就是彼此見過對方最不堪的一面——大家一起做壞事、做糗事，才能成為真正的好姐妹、好兄弟！

這是對友情的誤解。

這世上，沒有一個朋友會對你的不堪、陰暗面能無條件地接納和包容。知道你不道德卻未在心裡偷偷鄙視你的原因，只有兩種：一是她有過之而無不及；二是她是你媽。

有個曾經和我關係不錯的朋友，某次她得意地對我說：「買了一瓶化妝水，感覺不好用，於是我摻了自來水冒充成全新的，轉讓給我另一個朋友。」

她對我如此坦白，是相信我不會指責她，更不會揭發她。但是我心裡很明白，我此後難以再信任她了。

而我的另一個朋友，向我吐槽別人，表示他非常看不起某個好朋友的行為——明明不缺錢，可是每次去吃自助餐都要順手牽羊，偷拿餐廳的杯子、湯匙，還為此沾沾自喜。甚至還向他人展示、炫耀地說：「我家所有湯匙都來自吃過飯的餐廳。」

在陌生人面前，人們會努力修飾自己的德行，可是展示給朋友的往往是自己最真實而醜陋的一面。

你可能在朋友面前惡毒地詛咒過一個只與你發生小摩擦的人，也可能無意間隨口說起自己一閃而過的陰暗念頭、一些你做過自以為無傷大雅其實卻是損人利己的事，而你很少會考慮到對方對於你的坦白會產生怎樣的感受。

你天真地以為，既然是最好的朋友，就應該全盤接受你的猥瑣之處，還把自己的毫無保留當成是一種率直與不虛偽。

好朋友貴在坦誠，也許對方會諒解和包容你偶然而微小的不道德。

是的，他們不至於因為這些雞毛蒜皮的小事和你絕交，但做為一個觀念正常的人，就算因為其他原因和你做朋友，對於他本來就看不起的行為也不會因為你們關係特別好就對你放寬尺度！

有些友誼會因為雙方了解得過於深入而失去尊嚴，於是，彼此開始輕蔑對方。

這世上無完美之人，所以保持適當的距離，其實就是最佳相處模式。萬萬不可苛求別人一定要在知道你所有的缺點後還能和你做朋友，藉此來證明他是真朋友——你根本不知道，對方是不是一邊嫌棄你，一邊忍著反感在跟你往來。

有人以為兩人曾一起偷雞摸狗，彼此有利益相關的秘密，就更能證明友誼的忠貞和堅固。不，無論你們一起做過多少壞事，都不能證明什麼。否則，最偉大的友誼豈不是要出現在殺人犯、搶劫犯的共犯之間？

你倆一起打過群架也好，偷過東西也罷，只能說明你們是兩個不夠道德的人。兩個壞人加在一起，友誼可能是定時炸彈，他在別的事情上不道德，隨時也可能這麼對付你。然後，有一天你們一起交換過的秘密、彼此熟知的人格污點，一旦翻臉就成了互揭蒼疤的工具。

最好的友誼，絕不是同流合污，而是高山流水——你由衷欣賞我的為人，我由衷仰慕你的人品。如果做不到，就停在彼此看上去很美的距離吧！

古人云：「君子之交淡如水，小人之交甘若醴。」說的就是這個意思吧！

不忍耐，不強求

有次，我在一篇文章末尾請求大家幫我轉發我微信上的文章。為我審核文章的編輯好心提醒我：「你在微信說這樣的話，可能會引起一些人的反感。」我回答她：「不要緊。」

我知道有些話是會引起一些人反感的。每當我推動一些頗具爭議性的觀點，或言辭過於犀利的時候，後臺粉絲數量呈現急速下降的資料已經清楚地告訴我，有些人在以離場的方式向我表達他們的反感。

我一直在尋找和嘗試微信的寫作方向，所以，關注我的人會看到各種風格的文章，但我一直堅持的宗旨是：保持對自己內心的誠實。

我寫的每個字，都是我當下真實的想法，意味著：如果我是個榴槤，我所做的嘗試不過是想把自己變成榴槤煎餅、榴槤千層派或者榴槤酥……

我不會因為有人不喜歡榴槤就把自己偽裝成蘋果，哪怕喜歡蘋果的人比榴槤多，哪怕榴槤的味道會讓一些人深惡痛絕。

倘若我為了迎合不喜歡我的人，而刻意去掉榴槤的特點，那樣做的結果，不僅會令我失去原本喜歡榴槤的人，也取悅不了喜歡蘋果的人。

所以，當我在文章末端表示希望大家替我轉發文章的想法後，第二天我看那篇文章的轉發資料，往往就會比較高。這說明了什麼？

一個人表達真實的意願，可能會引起一部分人產生反感，但卻會換來更多人的支持。因為多數人其實是善良又被動的。至於那些會因為我的一句話而產生反感的人，也不是說他們不善良，只是想法和我不同罷了。

我知道，無論我有沒有明確表達請大家幫我轉發文章，他們都不會幫我轉發的。即使他們在此處對我不反感，也將在別處反感。

這是我年近三十歲時的領悟。

曾經，我把太多時間花在不喜歡自己的人身上。比如發一篇文章，有九十九個人說喜歡，偏偏我們在意的是那一個罵你的人，甚至還花時間試圖去解釋或反駁，冀望能扭轉他的看法，卻無意間忽略、怠慢了真正喜歡你、對你好的那九十九個人。

比如，有人想離開，我們會誤認為自己失敗，千方百計地想去挽留，看不到身邊真正肯定自己和願意對自己好的人。

過分重視不喜歡你的人的看法，過分輕視喜歡你的人的看法，是我們經常犯的錯誤。這樣做會讓我們很累，永遠吃力不討好。

就像父子騎驢的故事。

從前，有對父子趕著一頭驢進城去。路上有人笑他們：「真笨，為什麼不騎驢進城呢？」於是，父親讓兒子騎上了驢。走了不長時間，又有人說：「不孝的兒子，居然讓父親走路，自己騎驢。」

父親趕緊讓兒子下來，自己騎上驢。又走一會兒，有人說：「這個父親真狠心，居然讓孩子走路，也不怕累著孩子。」父親連忙讓兒子也騎上驢，心想：這回總算滿足所有人了。

但又有人說：「兩人都騎驢，不壓死驢才怪。」於是，父子倆又下來了，並且將驢的四條腿綁起來，用棍子抬著走。但他們在經過一座橋時，驢掙扎了一下，掉到河裡淹死了。

某天你會發現，原來，在有些人眼裡，你怎樣做都是錯的，你怎麼改變都無法討好他們——你熱情，他覺得你虛偽；你冷漠，他覺得你勢利；你笑，說你假；你哭，說你煩；你最好去死，你死了，他可能還會嫌你死的姿勢不對。

就像一顆榴槤，怎麼長都臭不可聞，你要為它去改變自己喜好的話，就會像上述故事的父子一樣愚不可及。所以，我們需要為自己是榴槤而難過、自卑、掩飾、改變嗎？不，榴槤比蘋果高貴得多，哪怕有很多人不喜歡。

那麼，你又何必在意呢？何不去尋找那些天生就覺得你是香的人？

當我學會了順勢，我發現，要取悅本來就喜歡自己的人，容易且順利得多了。人生苦短，我沒有時間去關心和照顧那些不喜歡自己的人。

別讓「短視」害了你

不喜歡讚美卻熱衷於批評，這是中國人的通病之一。在我們的文化氛圍裡，講好話（過於耿直）會被刻意忽視，講壞話（拍馬屁）會受到高度注目，如同電視劇裡的忠臣，大多忠厚耿直；反觀奸臣，往往圓滑世故。

人們總以為口蜜腹劍的人是壞人、刀子嘴豆腐心的人是好人——不會說話的人被頌揚，「桃李不言，下自成蹊」；不刻意說好聽話的人被肯定，「良藥苦口利於病，忠言逆耳利於行」。

我們在童年時極少被讚美，因為大人往往篤信——讚美使人驕傲，批評使人進步。所以，為了我們好，我們經常挨他們的罵。在這樣的氛圍裡長大，我們也成了「忠臣」，任何時候都直言敢諫。

於是，我們根深蒂固地相信，對一個人的關懷，需要用批評來表達；於是，我們深信不疑地以為，說一些讓別人不高興的話，能體現一個人正直的品格；於是，我們無可置疑地斷定，那些甜言蜜語，必定來自老奸巨猾、別有用心之人。

久而久之，我們越來越善於批評，總是一眼就能發現別人的錯誤和不足，卻往往忽略了別人的優點。即使發現了別人的優點，我們也難以啟齒，不太好意思表達自己的欣賞；即使我們逐漸意識到，讚美別人是一種社交需要。

但在現實中，要你貿然開口去讚美不熟的主管或同事，還是很難。有時候話還沒出口，自己就先臉紅了，怕自己一讚美別人，就會被當做別有用心或愛拍馬屁的虛偽小人。

分享一則在微信上看到的小故事：董事長在黑板上做了四道題：二加二等於四；四加四等於八；八加八等於十六；九加九等於二十。員工紛紛說：「老闆，最後一道題你算錯了。」

董事長轉過身來，慢慢地說道：「是的，大家看得很清楚，這題是算錯了。可是我算對前面三題，為什麼沒有人誇獎我，而只看到我算錯的這一題呢？」

這正是人們的思維慣性所致，員工並不是沒有看到做對的三題，只是他們潛意識地認為，指出錯誤是旁觀者的義務，是對董事長最好、最有效用的方式。

生活中的我們，不也是這樣嗎？

家人做了一桌美味可口的飯菜，我們品嚐後只說了句湯太鹹，卻忘了去讚美那些做得很好吃的菜。

朋友打扮得漂漂亮亮的來找我們，我們皺眉頭說：「你這雙鞋的顏色不好看！」卻忽略了她的上衣、褲子、包包，其實搭配得很不錯。

我們看完一篇很有趣的故事後，會相當冷靜地在後面的討論區提醒作者——你這個故事有個小漏洞……

因為朋友做錯了一件事，我們反目成仇、耿耿於懷，甚至否定了他的全部，忘記他為人善良且忠誠，曾為我們做過一百件好事。

我們的眼睛只關注別人做錯的那一題，卻忽略了做對的那三題。並不是我們存心想讓別人不高興，只因為，我們像故事裡的員工那樣誤會了「只有誠實地提示錯誤才是為對方好，才是給對方幫助；惟有提出逆耳忠言，才是我們為人的真誠和正直」。

我們從不曾認真地問自己：對方是否真的需要這種好意？為什麼明明自己也不喜歡被批評，卻會偏執地相信批評才是對別人最好的幫助呢？

想成為一個擅長說話的人，首先需要學習的不是說話技巧，而是在心態上要摒除對於說話的誤解和偏見。對待別人真正公平的方式，不僅是批評別人的錯，如果這樣想，你就會發現，去肯定別人並不是一件難事。

當你想指出別人的某處錯誤時，請先找出他做對的事吧！

提高EQ就這麼簡單

微信上有讀者對我說：「看了你的文章，覺得你是EQ很高的人呢！」

喔！這真是個天大的誤會！

我是個文人，而文人通常都是多心的。而多心的人，會因為能輕易感受到別人的弦外之音而感到不快，很多時候是一觸即發、一點即燃，然後就槓上了。要不然，你說我如此強悍的文風從何而來？也是以前在網路上和人起爭執而練就的呀！

網路上曾經有個問題：「什麼樣的素質是讀多少書都學不來的呢？」

我會不假思索地回答——裝傻能力。

裝傻，真的是我這種敏感的人，一生可望而不可即的素質啊！

我舉個例子：有段時間，我在找房子，接觸了一個房仲帥哥。他很聰明，只是太敏感了——我不過是問他一些關於行情的問題，比如房價會不會跌啊？樓上那間房子的格局比你推薦的這間房子更有優勢吧？他就有點被激怒了。

他不是不專業，會刻意壓制抑自己的情緒，也會努力隱藏自己的不悅。但做為他的客戶，我也是敏感的人，所以他在壓抑自己的情緒時，我還是感受到了，而我會因為他對我不悅而感到不悅，也不想再和他繼續溝通。

有一天，看到他在交友圈講了一段話：「忍，就是把不該說的話吞下去。」

我回覆他：「你很努力，雖然有意識地要自己忍，可是你太敏感了，做銷售會很辛苦。那些裝傻能力強的人根本不需要經歷『忍』這過程，因為他們感覺不到需要忍的事物。」

後來我遇到另一位房仲先生，他比較會裝傻，無論別人問他什麼問題，他都笑呵呵地回應。

會裝傻的人，不容易感覺到別人對立的情緒甚至是敵意，所以比較不容易因為別人的言語和神情影響到自己的情緒，別人與他溝通的過程比較愉快，他自己也會比較快樂。對於做銷售的人來說，這是一個很重要的性格特質。

那怎麼辦？難道我們這些天生敏感的人，就注定要待在低EQ的沼澤裡無法自拔嗎？

我看到一些寫EQ的文章，比如〈EQ高就是心裡放著別人〉，我覺得作者講得很有道理。她說，EQ就是要把別人放在心上，要關心別人，處處以人為先，比如點菜要點別人愛吃的，行事遷就自己而讓別人感到方便、舒服……

其實，這些道理大家都懂，但有人就是做不到，也不是不知道怎麼做，而是不願意這麼做。

處處為別人著想、以人為先，什麼都要別人先舒服了，稍微有點自私的人就會想：如果EQ高，得要把自己弄得這麼累或是讓自己吃虧，那我要高EQ幹嘛呢？

倒是一位網友的話，與我一拍即合：「EQ高，就是以最大的善意去解讀對方的話。而善意解讀就是——過濾掉對方言語中的惡意（很可能本身沒惡意，是你自己誤讀），並盡可能地放大對方的善意。」

我認為，這是一個非常接地氣的提高ＥＱ之途徑。

比如，我在論壇上發表一篇文章，在一片讚揚聲中，難免會有人看我不順眼，答答答地敲了幾百字來找麻煩、雞蛋裡挑骨頭，把我從人品到文章貶個一文不值。

通常在這樣的情況，我也會敲上幾百字，心想著讓他去死、讓他生不如死。然而，當我開始願意用善意去解讀時——

嗯，這個人勤勞地打幾個百字評價我，為我付出時間和力氣，他自己也沒得到實際好處，但他的行為卻提高我的文章的熱度。而他批評我，實際上也不是因為和我有仇——有些網友喜歡嚴苛地批評別人的不足，其實是出於內心深處對真善美的追求和正義感，也不失為赤子之心。

這樣一想，我的心情就愉悅多了，也完全能夠理解他了，於是能愉快地面對他的批評——我絕對不是裝出來的！如果沒有先扭轉自己的心態，只是強迫自己忍，一邊又在心裡死命地咒罵對方，這種虛情假意的高ＥＱ我非常不贊成。雖然好像不會得罪別人，但卻非常對不起自己，把想說的話硬吞下去的感覺，會把自己活生生地憋出癌症的！

因為我是從內心真正理解對方的善意，所以，我會先對他的關注和批評表示感激之意，然後指出他批評的某些方面是正確的，並且真誠地讚美和祝福他。

對方原本敵意四射、殺氣騰騰，被我這麼回覆突然愣住了，回過神，也開始讚美和祝福我。

那一刻，我充分地理解了「不戰而屈人之兵」這句話的智慧和真意。

好吧！我們繼續來解釋。

「你這個包包太醜了，你這個人的品味太差了。」先在內心解讀：這個人不惜得罪我也要對我說出真相，身邊還是要有一些這樣的朋友。

所以，你要回答：「你對我是真誠的，也只有你一個人願意這樣對我講真話，不然，我永遠不知道這個包包這麼醜啊！」

「你寫這什麼低俗文章？這就是你對寫作的追求嗎？」先在內心解讀：雖然他直言不諱地批評我，但對文字有高尚追求和審美的讀者非常難得，並且值得尊敬。

所以，你要回答：「不好意思，辜負你的期望了。也許我水準很普通，但是我會努力的，希望有一天寫出來的文章能有幸被你喜歡。」

你這麼一回答，對方反而會覺得難堪而反省自己的言語是否過於尖銳。

實際上，大多數人不會這麼直接，他們通常都是很隱諱地鄙視你，或者根本沒有鄙視你，是你自己誤會了，這時候更需要善意解讀。思維方式一轉換，突然間好像不再受別人的言語影響，能夠愉快地和別人聊天了。

原來，做個敏感的人，也是可以提高EQ的。

想起一位手腕高的朋友，她向來都和前任男友們和平分手——即使是在對方劈腿的情況下，她也一往情深地講出孫燕姿所唱《開始懂了》的歌詞「相信你只是怕傷害我，不是騙我」。朋友說：「我不是原諒他，我只是要讓他內疚一輩子。」於是，至今每位前任都對她鞍前馬後的。

記住，不戰而屈人之兵啊！

把話題「拋」給對方

其實，我是個很不會聊天的人。但我不會聊天的原因，不是因為我口才不好。有時，可能是自以為口才太好，聊天時常常一秒就能讓對方生氣。因為我太想賣弄技藝，總是在第一時間就精準地踩中對方的痛處，讓對方很不開心，而我當時還覺得很高興。

好幾年前，在一個飯局上，除了嫁出去之外，在其他各方面都慘不忍睹的婦女又開始當眾對我居高臨下地扔炸彈：「妳看看，還不找對象？再不找，馬上就變剩女了！」

那段時間我被催婚催得快瘋了，於是我抬起頭，一本正經又鄭重其事地嘆了口氣說：「其實我也不想這樣，只是在這件事情上，我是有陰影的……」

我楚楚可憐，似乎有難言之隱，引起了大夥的關注。整桌人停下筷子，把目光轉向我，期待我接下來會如何解釋。

「我也想結婚啊！可是我好怕，我怕結婚後要生孩子：我怕生女兒會像妳這樣，遇人不淑，婚後連件像樣的衣服都買不起；我好怕生兒子會像妳老公那樣，到現在還找不到工作，至今仍在啃老。我一想到這些，就不敢結婚了。」

對方頓時面紅耳赤、無言以對，估計她會有很長一段時間不會產生催別人結婚的勇氣。

我贏了嗎？是啊！當時我真以為我贏了。利用自己的職業優勢，在文字遊戲中見神殺神、見佛殺佛地所向披靡，我覺得真是愉快極了。

直到有天，我在書上看到一則故事，讓我對聊天這件事有了全新的認識。

故事中的主人翁，我想大家都知道，就是大名鼎鼎的成功學大師卡耐基。有天，卡耐基要去見個性格孤僻的小男孩，小男孩和卡耐基不熟，他們還存在著巨大的年齡差，可以想像二者間根本不存在共同語言。結果，那天卡耐基和小男孩愉快地聊了一個多小時，自此，小男孩視卡耐基為最好的朋友。

這位社交大師是如何能與一個跟自己各方面都完全不同的小男孩愉快地聊了一個多小時呢？原來，他在去見小男孩之前花了很多時間做功課——因為知道小男孩喜歡帆船，他特地去圖書館搜集關於帆船方面的知識和話題。當他見到小男孩以後，就與小男孩談論帆船的話題。

這故事讓我非常震撼，因為我突然發現，會聊天，其實和口才好壞、身高胖瘦一點關係都沒有。會聊天，甚至不需要你多麼幽默、多麼有思想。會聊天，其實是一種慈悲心。像卡耐基這樣的一個大人物，他去見一個十幾歲的小男孩，願意花時間做那麼多功課，去了解和學習對方的喜好。

也許你會說，這沒什麼呀！如果你知道明天就要去見馬雲，你也願意花一個晚上的時間讀幾本他的傳記，了解一下他的喜好，研究一下自己要說什麼，才會讓他更喜歡你。

可是，重點在於，卡耐基明知道聊天對象是一個不重要的小孩子，是一個他取悅了並不會帶給他任何實質好處的人，但他也願意使對方在與他聊天的過程中獲得快樂——這是因為他懂得聊天的真諦是一個「贈人玫瑰，手有餘香」的過程。

會聊天，也是一種犧牲，必須犧牲自己真正想聊的話題，克制自己的表達欲望，去遷就一個自己可能不感興趣但是對方會喜歡的話題。

一個人願意為自己的聊天對象貢獻自己的時間和耳朵，犧牲自己的情緒去滿足別人的情緒，這是一種以人為先的紳士風範。

聊天並不是比賽，也沒有輸贏。聊天是一種給予，是帶著溫柔的慈悲心去給予一個人安慰與快樂。如果你懷著這樣的聊天宗旨，聊天就會變得很簡單。

自從知道聊天的真諦以後，我開始學習克制，不讓自己拼命地跟別人爭辯了。比如，網路上很久沒聊天的熟人突然冒出來問我：「最近怎樣？」換做是以前，我會罵他：「去死吧！你以為這麼問，我會認為你是在關心我嗎？你不過想從我這裡收集一點不幸的小八卦，好慰藉一下你乏味的人生而已嘛！」但現在，我會自嘲一些自己不高興的事好讓他高興一下——啊！工作太忙、薪水太少，每天工作忙得天昏地暗，還經常被老闆罵……

我自善良，當有力量

朋友傳來訊息，表示「我離婚了。」

我一時不知該如何安慰她，便說：「下班後，我們一起去武漢廣場，我請你吃香辣蟹吧！」

朋友上班的公司和我的公司僅隔一條街，下班之後，她走路過來，然後我們一起等公車。我從來沒有在下班尖峰時間搭過公車，上車時我緊緊抓住她的手，費了不少力氣才擠上車。

我於是感嘆道：「武漢的公車好擠！」

朋友說：「這還不是最擠的時候，最擠的時候，人的臉和身體都會被擠到貼在車窗上，就像一張郵票。」說完，她還對我做了一個被擠扁的動作。

「哈哈哈。」我忍不住大笑。

可是，我馬上想起有什麼不對勁，於是偷偷看了她一眼，發現她也在笑。她笑時嘴角牽強、神情無措……我知道，她很難過。

我沒有刻意去安慰她，一句也沒有，只是陪她一起將一堆螃蟹五馬分屍。

那個秋夜，菊黃蟹肥，我們在食物裡快意恩仇。

吃完飯後，我們兩個人手拉著手，在沉默中走了很長很長的路。我們走過廣場，走過車來車往，走過黃鶴樓旁的月色。然後，走進人群熙熙攘攘的夜市，在一個攤位發現了漂亮的吊飾。我買了兩個，把另一個送給她。而後，我們互相給對方戴上。

「你戴著真漂亮！」

「你也是，好漂亮！」我們彼此誇獎。

回家的路上，我和她說起我老家一位鄰居的故事：一個溫柔的女子，因丈夫出軌而離婚。後來，她遇到了國中的男同學，原來他還沒結婚，這麼多年一直都暗戀著她。她離婚後，他開始不顧一切地追求她，然後兩個人幸福地在一起了……

「有時候，一個人歷盡感情的波折是為了成全另一個人。」我說。

她聽了，眼神清亮地注視著我，認真地問道：「真的嗎？我以後也可以嗎？」

那一刻，我肯定且堅定地回答她：「是的，妳可以的。」

後來我回福建了，與這位朋友很久都沒有再聯繫。

有天，她突然出現在群組裡，像是特地為了告訴我故事結局似的。她遇到了比前夫更優秀的男人，對她很好。她現在又結婚了，過得很幸福。她還說，謝謝我當時對她的安慰。

其實，我不是個EQ很高的人，以前說話恣意又毒舌——要是有人對我說：「我失戀了。」我一般會對他說：「那你去死吧！死了就不會傷心了。」

所以，我願意真誠地安慰那個朋友，是因為我真的關心她。只有當一個人真的關心另一個人的時候，才會對她的痛苦感同身受，才會去體會她的處境、同情她的難過，認真思考要用怎樣的態度和方式去安慰她，謹慎揣測要說怎樣的話才能令她振作起來。

於是我發現，有時候你會不會說話這件事，其實和你的口才好不好並沒有太大的關係，和你的EQ高不高也沒有太大關係。

當你對你的談話對象懷有一顆慈悲心的時候，你就會給予最溫柔、最恰當的安慰。因為，你捨不得讓他因為你言語上的任何失誤而感到一絲絲不開心。

可是，大多數時候，大家需要面對的可能是自己不那麼關心的人。面對我們不很在乎的人，我們要怎麼樣透過語言，向對方做出更恰當的安慰呢？

我向大家推薦一種方法，它非常管用。那就是：當你聽到別人問話的時候，不要急著用直覺去回答。你不妨想像一下，你就是對方，你才是說出這句話的人，而自己會想得到怎樣的回答？

當你站在對方的立場想這個問題的時候，你會更富有同情心，更懂得對方。

比如，有個客戶對我說：「西西，我下週要回福州，你要不要和我出來吃頓飯？」我內心的直覺是：我們有這麼熟嗎？僅是小合作，有必要出來吃飯嗎？假設我按照直覺，大概會這樣回答：「不要，我不喜歡跟陌生人吃飯。」

然而，當我想像自己是說話的那人，如果是我要去某個城市，一番熱情想約某個朋友，結果卻遭遇對方冷漠的對待，而對方跟我說「我並不想和你吃飯」，我會感到多麼尷尬、難過？

於是，我換了一種我覺得對方更能接受的答案：「時間真是不巧，我最近工作忙，下回我再請你吧！」

如果再有朋友對我說她失戀了，我不會那麼簡單、粗暴、任性地回答了——我會停下來好好想一下，自己失戀的時候，是怎樣的心情？需要被怎樣對待？想得到別人怎樣的安慰？

是我開始變得虛偽了嗎？不。我只是開始意識到，我不應該將連自己都不想聽的話毫不掩飾地說出來，講給一個對自己並沒有惡意的人聽。

當你試著去理解對方的處境或情緒，比如喜悅、憤怒；當你在談話中能夠做到富有同情心、設身處地，能顧及別人的情緒和感受，你說的話就會越來越委婉動人——因為真正的會說話是源於聰明的善良。

學會好好說話

網友晢晢問我：「朋友說我講話不溫柔，我要怎樣才能成為一個說話溫柔的人呢？」

我當時回答她：「妳可以模仿韓劇、日劇裡女主角溫柔的說話方式，不過，我覺得不需要太刻意偽裝、扭曲自己的個性，那樣做會很累。」

我也是個說話不溫柔的人，平時總用直率任性的方式說話，想說什麼就說什麼。當然，也有人願意和說話不溫柔的我聊天。

這世上有人喜歡溫柔委婉的語言，就有人喜歡簡單直接，不拐彎抹角的語言；所以，我們不需要為某個人的意見去東施效顰而故意做什麼改變。

然而，在說話上，仍有一些值得我們去認識和執行的通用法則。做一個說話溫柔的人，不僅僅要表現在語氣、神情、措辭上，更要表現在話題的選擇上。

在這裡，我總結了一些觀點：

一、和朋友聊天像掃雷，要努力迴避對方的地雷區

我雖然毒舌，但是有一種話我從來不會說，那就是真正會傷及對方自尊心的話。

比如，有一個朋友，她結婚好幾年了，卻沒有生孩子。大家每次聚會時，每當聽到有人催她抓緊時間生小孩之類的話題，看到她不想回答又不得不強顏歡笑的樣子，我都會非常不安，因為我感覺這個話題會傷害到她。

猜想是這個原因，所以她以後很少來參加聚會了。

前一段時間，我們又聚會，知道她要來，我特地交代一起去的同伴：「拜託你們，不要再她面前再提生孩子的事了。」

結果，吃飯時，還是有人問她：「妳打算什麼時候生孩子？」

我不知道這種喜歡「哪壺不開提哪壺」的說話風格，到底是蠢還是故意使壞？其實，我們每個人都有一些永遠不想被別人觸及的話題——你想，如果別人總說傷你自尊心的話，你會是什麼樣的感受呢？

如果你胖，你想不想聽到別人天天問你：「怎麼不減肥呢？」如果你醜，你要不要聽別人整天問你：「幹嘛不整容呢？」每個人都有弱點，我們要將心比心，我們要對別人的弱點懷有悲憫之心。

和朋友聊天的時候，涉及對方自身狀況和經歷的話題，要特別注意。

比如，我從不問一個男人的薪水，不問一個胖子的體重，不問一個王老五有沒有對象。這些話題還包括對方的年齡、身高、收入、學歷、職業、公司狀況、父母、孩子等私人話題，在聊天的時候要特別小心，如果對方不主動說，就不要問。除非他們自己主動而愉快地提起，因為這表示「地雷」已經清理掉了，否則我永遠不會主動去碰這些話題。

如果看到對方被別人問到這類問題時，只要他表現出不想回答或勉強的樣子，你就要知道這裡有「引爆點」，以後要遠遠地避開這個「痛點」。

是的，說話溫柔就是要學會了解對方不想聊什麼，就不去聊什麼。

二、不要輕易去指導和關心別人

這也是我會犯的毛病。有時候，你純屬好心地幫助對方，對別人來說反而是一種冒犯。不要好為人師，大家能理解，但是，為什麼不能輕易關心別人呢？

我之前在一篇文章裡提過，「關心」大多數是由上而下、由強對弱的，乃是一種居高臨下的姿勢。

比如，你想關心別人的進步，自己雖不是功成名就，也要事業有成；你想關心別人的學習，自己總不好意思不學無術吧；你想關心別人的幸福，自己應該家庭美滿吧！

所以，你關心別人的時候，已經是在提醒對方——在某方面，你不行，而我比你強。如果你們關係很好，或者你真的比他強很多，那還好。但如果你自己明明也不怎樣，還來強行關心、指點別人的人生，對方的心裡會很不高興的：就憑你？關心我？我還覺得我比你還強呢！

有一次，朋友說：「我最近曬黑了。」

聽了之後，我就認真地說：「你要擦防曬乳啊！你是不是防曬乳用得不夠多？一定要記得天天擦。」

結果，沒想到朋友不高興了。當時我不太理解——我這不是關心你嗎？有天，若有人也這樣強行關心我，長篇累牘地試圖說服我——妳應該改善某些方面的做法，這樣對妳會更好……

我聽了，心裡有些不高興，因為他的意思是「妳這方面很糟，需要被關心」。但我卻只能耐著性子對他說：「這些道理我都知道，我之所以這樣做，是因為這樣更舒服。」

於是，我終於理解了，那位被我關心的朋友當時之所以不高興，一定是因為她覺得我在「暗示」她皮膚黑，或保養做得不夠好。

後來，無論別人在朋友圈抱怨什麼，只要他們不是主動來跟我尋找安慰，我頂多只發個擁抱的表情，不敢有多餘的關心。

不要隨便去指導和關心別人，特別是在面對弱對強的情況下。如果你們是平等關係，或者你真比對方強，也要少關心對方，除非那個人讓你不惜冒犯他。

三、不要總是將你的好消息告訴朋友

不要總是將你的好消息告訴朋友，特別是在我有而別人沒有的情況下，除非你很確定，對方會因為你的好消息而高興。否則，你升職、加薪、中獎的各種好消息，對方聽了，可能不會像你想像中那麼高興。

比如，有個女作者說自己找到一份很好的工作，把這個好消息告訴了朋友，結果對方表現得很生氣。她另一位朋友找到很優秀的男朋友，特地把這個好消息告訴她，而身為黃金剩女的她，感覺非常不開心。

有些朋友就是這樣。他們不是不喜歡你，當他們聽到你過得不好時，會主動伸出援手，同情你、幫助你。但是，當他們知道你過得比他們好的時候，卻無法由衷地高興。

同性好友之間，是相愛相殺。如果兩個人的水準差不多，就會發生一邊彼此欣賞、一邊互相競爭的情況。

所以，當你知道對方沒有房子時，就不要告訴他，你買了第三間房；當你知道對方沒有情人時，就不要告訴他，你有多受異性歡迎；當他一個名牌包都沒有時，就不要告訴他，你一次買了好幾個……

忍住不去告訴別人好消息比忍住不去告訴別人壞消息更難，然而，至少克制自己少說自己的好消息，或者，說一則好消息時搭配一則壞消息，這樣就不會顯得你很討厭、讓人不耐煩。

我想，這就是溫柔的說話術吧！

別輸在「懶得說話」上

我有「電話恐懼症」，從電話鈴響起的瞬間開始，我就會莫明焦慮。雖然我會掩飾這種焦慮情緒，但是接電話的時候，潛意識裡會產生這樣的想法——拜託，快點把事情說完，好讓我掛電話。

而這想法必定會透過態度、語氣、措辭傳導給對方。所以，我是個電話聊天殺手，即使很會聊天的人都能被我逼至冷場。

唯一的一次例外是，朋友介紹了一位新朋友給我認識。這位新朋友第一次打電話給我，我們居然在電話裡愉快地聊了一個小時。

熟悉以後，我忍不住問他：「我想你一定是掌握了某種聊天技巧。與初識的人聊天，如何保持良好的聊天氛圍和節奏呢？」

結果，他很坦誠地告訴我：「打電話給你前，我是做好了功課的。我事先畫了一張樹狀圖，準備了你可能感興趣的話題，然後再設想我提出每個問題後，你可能會給出哪幾種回答。根據預想，我會再去想下一步要說什麼……」

我大吃一驚，連忙問：「萬一我的回答不是你設想的那幾種，你進一步會怎麼說？」

「這種情況肯定會出現，但重點不在於我要不要把事先設計好的話題說完，重要的是，雙方能保持愉快的聊天節奏。如果你的話題不是我設想的，但是聊天氛圍很好，也就不重要了。如果聊天陷入冷場，我就會見機行事，隨時把聊天內容帶回到原先設計好的話題裡。」

我驚嘆了一聲，又問：「通常你設計的話題會有哪些內容？」

「特別的開場白。事先準備好幾個可以深聊的話題，如果察覺對方不感興趣，馬上換備用話題。隔幾分鐘要講一個笑話，還有，如何完美地結束聊天。」

我突然想起來，怪不得我覺得他每次說笑話時會那麼自然、有趣、恰到好處，原來，這些是事先「彩排」好的。

看到這裡，有人可能要嗤之以鼻——這不就是招數嗎？

我想說的是，有時候，招數也是一種付出。所有不用招數的人，並不完全是因為真誠，很可能是因為懶。

所謂口才不好、不會聊天的人，其實無關天分，全是因為「懶」——他們懶得學習、懶得思考、懶得準備話題、懶得照顧聊天對象的感受。

當然，也有許多人想讓口才變好，但是大多數人都弄錯了努力的方向。

每個人都想走捷徑，以為多看幾篇文章，多掌握一些秘訣，比如，去研究一下賈伯斯的演講技巧，就能像賈伯斯一樣擁有好口才——不，約伯斯之所以很會演講的秘訣只有一個——他比我們勤奮太多。

有次，賈伯斯要準備蘋果公司的演講，他的合夥人來看他。因為合夥人一直聽別人說賈伯斯是個工作狂，就想看看他會不會把演講稿練習一百次。

結果，那幾天，賈伯斯足足將演講稿演練了三百次，每次都會修正細節。

是的，我們的口才和賈伯斯之間的差距，是千千萬萬個三百次。

有時候，要學好聊天技巧，並不像想像中的那麼難，只要你足夠重視，再付出足夠的努力就可以了。

如果每次能在聊天前做好足夠的準備，將聊天內容準備並練習一百次，你的談話技巧一定會有實質進步。到後來，你會發現，自己不用事先做那麼多準備也能遊刃有餘。

人人都有表達欲

有網友找我聊天，他第一次私訊我，打了七百多字，內容包括他對我某篇文章的看法、關於他喜歡的女生的事、他的個人喜好和生涯規劃。

我就其中的一個問題說了幾句，結果，他又打了幾千字來，包括他成長的經歷、他對心理學的見解，還有他曾與兩個女生交往的過程。

最後，他問我：「不知道為什麼，我每次和女生聊了一段時間後，她們都會刪我好友。」

我真的很想告訴他——你最大的問題就是「話太多」。

有一些人自恃見識廣、口才好，或者因為急於展示自己的才華，想讓對方接納自己，就會忍不住犯下「話太多」的毛病，不顧一切地說一大堆話。

人們有時候會誤以為，只要我們把自己的一切毫無保留地告訴對方，對方就能與你快速地建立起某種聯繫。

然而，大家卻沒有想過，對一個剛認識的人來說，你的經歷其實對方並不那麼有興趣——你的內心世界，對一個陌生人而言，也不會有多動人。

當對方還沒決定要不要和你做朋友時，你就迫不及待地剖開自己，這種態度其實很嚇人。拋開交情深淺的問題不談，一個人老是說個不停，完全不給聊天對象說話的機會，是種不太會聊天的行為。

這就像是獨佔KTV裡麥克風的人，不管自己的歌聲有多動人，也不能總搶麥克風來唱歌，而是要適當地壓抑自己的表現欲，我們也有聽別人唱歌、為別人喝采的義務。聊天也是這樣的道理。有時，會聽比會說更重要。

會說，你覺得你說得過像郭德綱這樣的人嗎？也許你只是在自嗨，對方也很可能只是禮貌性捧你的場；會聽，則是一種服務，　明聊天對象也在尋找他的高潮。

可能有的人會說：「本來我就是主動方，如果我還不多去找些話題來說，或是不努力多說一點，可能就會冷場。」

在這種情況下，我們要適時地給對方「表達」的機會，引導對方說出他想說的話。

舉個例子，當對方說：「我之前發現，華林路有一家很好的餐廳。」你卻回答：「福州好吃的餐廳很多啊！比如通湖路的那家……」

不好意思，你這就是「搶麥」了。也許，你很想借這個機會展示你的博學多聞，但是對方想向你描述一下那家餐廳的機會被你無情地搶走了。你說，對方會高興嗎？

所以，正確的回答應該是：「是嗎？快說說，它怎麼好？」這樣就會鼓勵對方把他想說的話說完。

當對方不主動提出任何一個話題時，如何把「麥」遞過去呢？這就需要你去猜測，對方會比較願意談論哪些話題。因為現在有朋友圈，所以讓這件事變得非常方便。

比如，如果對方剛好分享了一些去杜拜遊玩的照片，一定不會拒絕和你聊聊旅行的趣事；如果對方剛拍了新包包的照片，一定不會拒絕和你聊選包的經驗……

有一天，我加了一個新朋友，看了一下她的朋友圈，然後就問她：「為什麼你能把照片拍得那麼文藝清新？」

於是，她認真地向我介紹一款很小眾的拍照軟體，還指導我如何使用。我馬上下載了這款軟體，經過試用後發現它果然很棒。之後，我很高興，她也很滿足。

一場愉快的聊天，雙方應該都有相對均衡的表現機會。

如果你總是「搶麥」，把聊天變成你一個人的「脫口秀」，對方肯定就不愛跟你聊了。聊天的樂趣在於互動，你講得再好，會講得過說書人或講相聲的人嗎？如果對方只是為了聽別人說，那他不如直接去聽廣播。

無論在KTV唱歌還是家常聊天，或是在朋友的聚會上，每個人都不能只管自己爽，要學會照顧別人的情緒。從某種程度上來說，你要有服務和奉獻的精神。

當然，這項只適用於剛認識的朋友。交情深的人可以排除在外，因為你們已建立起彼此熟悉的聊天模式，比如有些朋友在一起就喜歡一個做主角、一個做配角。

批評是一種善意的關懷

在做出批評之前，我們首先要明白：批評的本質是一種善意的關懷，是為了幫助對方改善、進步，是為了讓彼此能和諧相處、合作愉快而做出的真誠表達。

只有認知到這一點，才能幫助你學會如何恰當又溫和地批評別人。

對於那些我們真正討厭的人，反而不能輕易去批評，因為誰也沒有義務去教育人。

有段時間，朋友在做《新生活》的編輯，那段時間，我給她寫了不少稿件。某天，我投了一篇剛剛寫好的文章給她。她看完之後，用那種像發現新大陸又驚又喜的語氣喊道：「天哪！魯西西，這篇文章真的是你寫的嗎？」

我被她這麼一問，便想當然地以為她又要表揚我，就充滿期待地問：「怎麼？是不是寫得太好了？」

她也真的是在表揚我：「是！這一次你寫的文章，錯別字居然這麼少，簡直不像你寫的！」

我的文章常常會出現錯別字，但奇怪的是，我給那麼多雜誌投稿，從來沒有被一個編輯指出來過，唯獨這一次是個例外。

我被她這麼一說，大笑一聲，連忙回頭檢查自己的原稿，的確發現錯字連篇。從那以後，我才意識到自己的問題。雖然我依舊無法避免粗心大意的毛病，還是寫錯別字，但是至少每次寫完文章我都會檢查一遍，儘量給編輯減少麻煩。

編輯用善意的「批評」點醒了我，讓我愉快地意識到自己的不足。這種批評方式，既機智又巧妙。

當朋友有一項顯著的缺點，我們很想提醒他，又擔心會讓他不高興時，就可以試著這樣對他說：

「你今天表現得太好了，終於沒有遲到！」

「這道菜你做得太棒了，鹽放得比以前少了。」

「你今天的妝容，看起來比平時乾淨。」

相反，你不能這樣簡單又粗暴地說：

「你這個人怎麼總是遲到。」

「你做菜為什麼放這麼多鹽。」

「你的妝容一直很邋遢。」

雖然這些話傳達了同樣的意思，但前者更容易讓人接受。

蔣曉雲在小說《掉傘天》裡講述了一則故事：有對小夫妻，丈夫嫌妻子把牛肉做得太老，妻子一怒之下把牛肉倒掉了。於是，兩口子你一言我一語，開始吵起來。然後，戰火升級，妻子砸盆摔碗，一發不可收拾。在緊要關頭，丈夫先放下爭端，站在盛怒的妻子跟前，低頭禱告：「感謝我賢慧的妻，賜給我豐盛的晚飯，除了買菜、洗菜、切菜、做飯、洗碗之外，一概都不用我操心……」然而，前一秒還一臉殺氣的妻子，聞言間笑了出來。

其實，丈夫的意思是：你也就做了一頓晚飯，大部分家事都是我做的！但如果直接這樣說的話，兩人肯定還會吵下去。好在丈夫用幽默、溫和的方式申訴了自己的辛苦，也讓妻子消氣。

在工作中，我也會碰到不愉快的事。比如，負責業務的同事總是站在客戶利益的角度，一直與我討價還價。有時候糾纏的時間長了，我會很不高興，很想問他們：「你們該不會是客戶派來的臥底吧？」

但是，有時候我們產生了分歧，只是因為每個人選擇的角度不同，並不是誰對誰錯。

所以，在提出批評之前，我會學著站在對方的角度替對方開脫一下：「我知道這個客戶實在很難搞定，難為你要天天面對他，如果是我，肯定已經瘋掉了。不過，我們還是要保持底線，堅持原則，不能讓他得寸進尺……」

就這樣，我會把批評的槍口稍微偏移一釐米，不直接對準同事。因為你將心比心地去想，就會明白大家都不容易。

還有，發生爭執時，大家通常會直接指出對方的缺點。比如，你說我粗心大意、EQ低，我說你冷漠又自私，大家越講會越生氣。

我們可以換一種句式，比如「你這個人，粗心大意得像愛因斯坦一樣」、「你這個人，EQ低得像賈伯斯一樣」、「你這個人，冷漠自私得像畢卡索一樣」等。這樣說，對方還會生氣嗎？你把他與偉大的愛因斯坦、賈伯斯、畢卡索放在一起比，他一定來不及考慮到底該生氣還是該高興。

藉由這樣奇怪的類比句，你會逐漸意識到，即使是名人和偉人也無法避免性格、人品、生活習慣上的缺陷。所以，你為什麼會要求一個凡人沒有缺點呢？

改變世界的，從來不是十全十美的人。再多的缺點，也掩蓋不了愛因斯坦、畢卡索、賈伯斯身上的光芒——這些了不起的人物，不是沒有缺點，而是將自身的某項優點發揮到極致。所以，你認為一個人有必要改掉所有的缺點變成一個完美的人嗎？絕對沒有必要。

我們學習如何批評別人，最重要的不是學會怎樣有技巧地批評對方，而是對別人那些不影響大局和原則的缺點進行包容。

看到這個原因，再也不敢抱怨了

那時，我的社群好友裡有位美女作家，因為寫作的關係，我們偶爾有一些交集。她對我很客氣，但那種客氣裡帶著明顯的距離感和高傲冷漠。

有一天我上網，她突然一反常態，熱情地問我：「親愛的，好久不見了，最近還好嗎？我一直想問候你，卻不敢輕易給你留言，怕打擾到你寫作……」

她超低姿態的寒暄，令我當時有點疑惑，但還是很高興地回覆了她。

她很快話鋒一轉：「我上次在雜誌的封面上看到你的照片，拍得好有氣質。我這裡有一對銀鐲子，非常配你照片上的那件毛衣，你留個地址，我給你寄過去，千萬不要拒絕我喔！」

這時候，我才意識到不對勁：「什麼？我的照片沒有上雜誌，你是不是認錯人了？」

馬上沒了動靜，估計她去查看聊天記錄，然後，她的熱情也驟降下來：「原來是我搞錯了，我把你誤會成安妮寶貝了，你今天的名稱、頭像和她一模一樣。」

原來，我那天剛好把網名改成BABY，頭像換成一個梳沖天炮髮型的小孩子。這個無心之舉，卻不小心和安妮寶貝撞了「臉」，產生了這麼大的誤會。

這個誤會，令我意識到一件事：我和一個成功的作家所感受到的同一個世界，即使是對同一個物件的觀點一致，她對我們兩個人的態度也是截然不同的。

後來，我把這次經歷講給一位大學生聽，因為他向我抱怨：這個世界不是他想像的樣子。我對他說：「世界是什麼樣子，某種程度上取決於你自身的狀況。如果你覺得世界不夠好，那就去改變自己；當你變得足夠好的時候，你面對的世界，會因為你的好而改變。」

用這個邏輯分析一下，就非常好理解為什麼同樣話題，大家會產生那麼大的分歧。因為，每個人都在認真描述他所經歷和感受到的世界。

就像同一輛汽車，有人說，這汽車很貴；有人說，這汽車很便宜。其實，他們都沒有說錯，他們只是出於自身的經濟水準對汽車進行的判斷不同而已。

一個人看待問題的方式，根本無法脫離他自身的狀況，比如環境、經歷、見識等。所以，我們要了解一個人，只需要看他對外界的看法就行了。

比如，兩位新同事在討論一位老同事，其中一個人說MM姐很高冷，另一個人說MM姐很友善——好了，你們不用再說了，我已經知道MM姐對你們兩個人的看法了。因為，人和人之間的看法基本是「資訊對稱」的。

一個人老是說，他的老闆對他有多苛刻——這是不是也從側面反映出他的工作能力不行？做老闆的肯定不傻，我不相信，你夠好，他會對你不好；不然，就是因為你沒什麼利用價值。

經常有作者抱怨說發稿太難，因為編輯總喜歡用熟人的文章。其實，編輯這也是在向寫作新手暗示：你們的寫作水準不怎麼樣。

當一個人總覺得自己遇到的都是冷漠的陌生人，甚至覺得滿世界都是壞人時，不外乎兩個原因：一是他顏值太低；二是他ＥＱ太低——自身的不足，導致他不容易獲得友善。喜歡講相親對象是奇葩的人，其實意味著他也是奇葩。因為介紹人大多粗略評估過雙方的水準，才會把他認為「配」的兩個人拉到一起。

所以，你的經濟基礎、顏值、智商、ＥＱ、能力、才華等一切狀況，正在與這個世界互相影響著。

你說世界很糟糕，那是因為你很低等。一個經常吐槽全世界的人，不值得打交道，而總是表達負面情緒的人，他在現實中的處境肯定不會有多好。

所以，有時候我們不抱怨，是為了掩飾自己嗎？

不，是為了替自己藏拙。

我們是怎樣把天聊「死」的

亦舒說，她的朋友高寶樹在路上偶遇一個熟人，跟對方客氣地說：「有空來坐坐，不過我家地方狹窄，請不要見怪……」

這講法是中國人的習慣，因為我們喜歡把自己的東西形容得低微卑賤，以示謙遜。例如，有些人管自己的房子叫「寒舍」，老婆叫「拙荊」，孩子叫「犬子」。就算住的是豪宅，也不會跟別人說：「我家房子又寬大又豪華，你有空來坐坐吧！」

但是，高女士萬萬沒想到，那個熟人竟然當真了，她當即開始關心高女士的居所：「小？有多少平方米？現在有一些便宜的大房子，你可以去買一戶。」

高女士聞言，差點沒暈倒。

有時，我們把天聊「死」的原因是：兩人的思想維度不在同一條線上，從而導致雞同鴨講。我也遇過這種情況。有次，有人問我的興趣是什麼，我回答：「看書。」他連忙說：「我年輕的時候也熱愛文學，我最喜歡的就是魯迅了，我還記得他寫的《背影》……」

聽了這番話，我當時很尷尬，連忙將話題轉到其他地方去。

還有，我認識一位網友，他明明是個小職員，可是他每次在寫文章或者在和別人交談時，提起他那位也相較普通的老婆，總會稱之為「我夫人」。

每次，看他在那邊「我夫人長」、「我夫人短」，我都想對他說：「拜託，別這樣叫好嗎？聽著挺拗口的。」

一個普通人把老婆稱為夫人，給人的感覺就像是對旁人說：「你來我的豪宅坐坐，嘗嘗我夫人做的盛宴……」這樣，太不謙虛了！

所以，我們有空還是要多讀書。讀書，雖然未必會讓自己變得巧舌如簧、妙語連珠，至少不會讓自己在言談中出醜，鬧太大的笑話。

有一次，我去一位朋友那裡做客，碰到一個愛炫耀的女人。其間，她問大家：「我有一個堂妹沒對象，大家有沒有合適的男青年可以介紹給她？」

我便接過話題：「我認識一個適齡男青年，是本地人。」

她興致勃勃地問：「本地人，有房嗎？有幾間？」

我回答：「兩間吧。」

然後，她露出不屑的表情：「才兩間呀，這麼少！我認識一個男人，家裡有三棟別墅呢！」

我有點無語，只能說：「那很好啊！」

當下我心想：既然你認識有三棟別墅的男人，就介紹給你的堂妹啊！幹嘛還叫大家介紹呢？

過了一會兒，大家聊起別的話題。

然後，我很快發現，不管別人說起什麼，這個女人馬上就會大說一通。例如，有人說某單位福利很好，她就說：「我認識的某某某，人家單位的福利那才叫好，上次過春節時……」然後，她就會長篇大論地說得了什麼東西。

甚至，有人稱讚主人做的魚不錯的時，她也有話要講：「你們沒吃過我老公做的魚，比這好吃十倍……」

這女人說話犯了一個毛病——太愛逞強，說什麼都想要贏別人。而且，她還不是用自己，而是拿親朋好友或關係遠到只是認識的人來壓你。

這樣說話，次數一多，估計別人就不想和她聊任何話題了。

我們永遠要記住，聊天不是為了贏——要放棄這種方式所帶來無謂而虛幻的快樂。有時候，在聊天中不妨稍微認輸和示弱、甘拜下風，我們才有機會獲得真正意義上的贏。

還有一些人，別人和她聊不下去的原因，不是因為她沒有文化、見識短；而是她聊天的時候只關注自己，不管別人在聊什麼話題，她最終都能扯到自己的生活瑣事上。

例如，有人問：附近有什麼好吃的餐館？

本來這是一個很好的話題，結果她馬上又扯到自己身上：「好吃的太多了。我老公昨天晚上給我買了烤乳豬，我早說了，我這麼胖叫他不要再買這樣的食物，他非要買，還說我不胖……」

你這樣講話，叫別人怎麼接話呢？老想讓別人誇妳：「妳很苗條。」

然後，她聊興愈增：「哎呀，怎麼不胖了？你看我這胳膊上的肉，你看我這腰上的肉。」邊說還邊撩衣服給你看。

她就這樣興高采烈、手舞足蹈，不停地向所有人展示著自己的生活細節，不放過任何雞毛蒜皮的事。

如果她遇到關係好的朋友，講一點生活細節也不是不可以。但遇到一群關係不親密的人，還執意把自己的瑣事說個沒完，別人聽了，估計要打哈欠了——妳都做了一整晚的女主角，還霸著舞臺不放呢！

有時候，我們並不需要學會多少聊天技巧，也不需要懂得多少話題——你只要多關心一下別人，對別人說的話表現出一定的興趣、共鳴，你就已經是一個不錯的聊天對象了。

不瘋狂不成活

今天是端午節，微信消息提示音取代了短信提示音，在手機上此起彼落。

我不知道大家是如何處理微信上收到的群發祝福，但我一貫的方式是對群發消息不回覆。因為我不確定，這條消息到底是不是發給我的，而我的回應會不會顯得自作多情。我還帶著一種僥倖心理：群發的資訊，一定會有很多人回覆，我一個人不回也不會被發現吧？這算是種掩耳盜鈴的做法。

每個人第一次知道微信有群組發文的功能，應該都是因為收到那條測試好友是否刪除你的消息吧？

這功能我從來沒有使用過。雖然我是個好奇心很強的人，可是我不想知道有沒有人刪除我、刪除我的人都是誰以及他們在微信上刪除我的原因。

我覺得使用這個功能去測試有沒有人刪除自己，難免會令人失望。沒有測出來，會對這個動作失望。測出來的話，又要對朋友失望。何必自尋煩惱呢？

有些事是不需要知道的好，因為知道了，對你的人生、你的心情根本毫無助益。為什麼要知道對方怎麼看待你？為什麼要知道你在對方心目中的位置？他又不是你告白的對象。

有一天，有位朋友在朋友圈問：「如果發現別人把你封鎖了，你會怎麼做？」

我回答：「我什麼都不會做，因為我無所謂。」

我不封鎖別人，不是取決於他要不要看我，而是取決於我要不要看他。他不想看我，自然有不想看我的理由；他不想讓我看，自然有不想讓我看的原因。我不需要知道。

我對封鎖這件事抱持開放的態度，我不會因為被封鎖或刪除了，就覺得自己的人格受到了侮辱。

對我而言，朋友圈是一種通訊工具。如果你不介意別人的手機通訊錄裡有沒有存你的名字，你為什麼要介意你有沒有在對方的朋友圈呢？只要你們有聯繫的理由，又何必拘泥於形式？

後來，我發現很多人根本不是這樣想的。一個朋友對我說，她的朋友憤憤不平地質問過她：「我們關係這麼好，妳為什麼不給我的朋友圈點讚？為什麼不給我回覆？」

我才發現，有人以點讚和回覆頻率來衡量彼此的關係，甚至會因為一條資訊無人理會而影響心情。

還有一個做微信商人的朋友對我說，做微信商人好寂寞啊！因為發那麼多資訊，從來沒有一條回覆和一個讚。聽完之後，我好想發明個點讚機，可以一鍵安撫所有在朋友圈裡寂寞著等別人按讚的人。

於是，當有時間的時候，我會刷一下朋友圈並且一讚到底。如果一個讚就能讓大家得到快樂和安慰，那真是舉手之勞。結果有好幾次，我讚錯了——人家明明在說一件悲傷的事，我給了不適合的讚，就好像是在幸災樂禍。

當我的朋友圈人數超過五百人後，我放棄了每天瀏覽朋友圈的習慣。於是，我在朋友圈發了一條通告資訊：朋友圈人數眾多，每天刷不完的海量資訊，無法一一點讚、評論、祝福，招呼不周，請各位見諒。

這是為避免沒有被我讚過和評論的朋友諸多猜測，懷疑我封鎖他或鄙視他。事實上，每天照顧諸位友人發的訊息，沒話也還是要找話說，這真是件非常煩惱的事啊！

我非常願意相信，你們不回覆我的原因：一、因為忙；二、漏了，沒看到；三、對本項資訊不知道應該說什麼好；四、好吧！就算真的只是覺得我對你不重要，也沒關係啦！

「勸合不勸離」的溝通法

我曾經一廂情願地以為，如果好友碰到壞男人，身為好朋友理應仗義執言、當頭棒喝，讓對方在盲目的愛情裡迷途知返。

數年前，我有一個閨密，關係好到可以同一個碗裡吃飯、同一張床上睡覺。直到有一天，她交了個男朋友，情況開始有所改變。

她的男朋友是個壞男人，關於他的種種劣跡，都是她親口告訴我的。比如，男朋友和她在一起的時候，毫不隱瞞自己正立志依靠富婆，而且某段時間還真讓他找到了一個。

這個壞男人依附到富婆的那一刻，就得意忘形地對女友說：「親愛的，我還是很愛妳的，但是為了錢暫時需要跟另一個女人在一起，妳先委屈一下，等我騙到錢，再回來和妳在一起。」

我的閨密就這樣被壞男人甩了，她哭著把分手過程告訴我，我理所當然地和她同仇敵愾，一起痛罵他。

令我大跌眼鏡的是，不到一個月，她和壞男人復合了。因為富婆只是與壞男人逢場作戲，他被富婆甩了，就回來找我閨密。

而我閨密居然不假思索地重回這個壞男人的懷抱，這讓我無比氣憤。爾後，每一天我都哀其不幸、怒其不爭地勸她分手——好馬不吃回頭草，何況他是大壞草，妳就不要再和他在一起，傷害過妳一次的人，一定會傷害妳第二次……

我的道理講了一大堆，她都只是唯唯諾諾。

結果，我閨密竟將我說的話轉述給那男的，她並無惡意，可能她只不過想向他一表忠心——哪怕千萬人阻擋，我對你的愛也永不投降。

我的苦口婆心，根本沒有令她醒悟，反而還得罪了他（雖然我也不會在意），導致他跑來對我說：「如果我們倆分手，就是妳搞的鬼。」

於是，我成了豬八戒照鏡子——裡外不是人。

兩年後，他們最終還是分手了。女友傷痕累累地來到我這裡，說著壞男人後來有多壞。

是的，那是多麼痛的領悟，但那也必須是她自己選擇要醒啊！

你永遠無法叫醒一個裝睡的人。當一個女孩子選擇和一個壞男人在一起，她了解的他肯定比你多，她也未必沒有對將來的傷害有所預料，然而，她看到他所有的壞，仍要選擇和他在一起。

這只有兩種原因：一種是她在愛河裡雙足深陷，理智克服不了情感——明知對方是一個不該愛的人，卻依舊情願飛蛾撲火。如果她自己無法改變和說服自己，那麼你勸也勸不了，你不用妄想自己能憑三寸不爛之舌改變和說服她——就像你無法阻擋一隻正在撲火的飛蛾。另一種是她明知道他是壞男人，可是她有被虐傾向，甚至就是個精神上的受虐者：她就愛付出，就愛當聖母，就愛在刀鋒上跳舞，且愈痛愈快樂。那麼，你有什麼好勸的？甲之蜜糖，乙之砒霜。對她來講，你所有的忠告不過是妨礙她享受做一個悲情戲的女主角而已。

對於第一種，做為朋友的你只能默默等她自己省悟，在她下一次受傷的時候，再聽她哭訴，再陪她同仇敵愾。

而對於第二種，那要恭喜她找到最適合自己的人囉！壞男人配賤女人，天生一對，只要他倆不分手，便是為民除害。

如果一個女孩自願與男人長相廝守，無論你倆關係有多親密，千萬別急著發表意見——即使在你眼中，他有多壞、多不堪，可她樂意和他在一起啊！

這也只能說明，他一定有別人給不了她、你看不到的東西。

有句俗話叫「勸和不勸離」，其中真的蘊藏著很深刻的人生智慧。其中的「不勸離」，說的並不是戀愛的當事人就不能分手或是勉強在一起就真的很好，而是分手不是一件可讓旁觀者去參與的事。

有這樣一句感慨的話：「聽過很多道理，依然過不好這一生。」即使講了很多人生理論，也很難令一個墜入深淵的人用最正確的方式去面對。那麼，就隨他們去吧！

自私心理：強人所難不可取

你有沒有遇到過這樣的情況：半夜三更，一個朋友突然打電話來，語氣急切地要求你立即趕往某個場所。

不管那一刻你是在加班，還是感冒了正咳嗽，或者是已經上床睡覺，你都無法拒絕這樣突如其來的邀請，因為你有一千個不去的藉口，對方就會有一萬個讓你去的原因。

為了結束在電話裡的糾纏，你只好心不甘情不願地答應了。

你百般不願地換好了衣服，頂著寒風出門。

這種天氣，在外面怎麼都不如待在家裡舒服，因為你是被友誼「綁架」去的——只因為當時朋友說：「你今天不來，以後就不是我朋友了。」你負擔不起這種背信棄義的罪名，只好硬著頭皮去赴約。

結果你叫了車，繞了半個城市趕過去一看，朋友並沒有十萬火急要你救的場面——而他心急火燎地把你叫出來，是為了和一群半生不熟的人們悠悠地喝著小酒、吃著夜宵般瞎聊、調侃。

你才發現，他拼命地勸自己趕來，也沒有什麼事，只是因為在一群人面前誇下了海口：「某某跟我關係很要好，我隨便一個電話叫他來，他敢不給我面子？」

他只不過需要你來證明——你是他招之即來，揮之即去的「鐵哥們兒」。

見你來了，眾人起哄，讓你自罰三杯。你把目光投向朋友，指望他為你解圍，結果他起哄得比別人更帶勁：「喝不喝？你還是不是我兄弟？」

你才發現，做他的朋友這麼難，要經過一重又一重的考驗。

我知道，有些人對朋友的定義是：我叫你出來，天上下刀子你都要出來；我叫你喝酒，即使你在生病、吃藥，也得給我喝……這樣才夠朋友。

我始終不能理解這種江湖義氣，然而，很多時候又會遇到這樣「盛情難卻」的事。有一次，我甚至對一個朋友放狠話：「以後再有這樣的局，別叫我！」

這個世界上，每個人對朋友的理解是不同的，有人會因為你不出來和他喝酒、玩耍，覺得你不夠朋友；有人會因為你沒給他面子，覺得你不夠朋友；有人會因為你沒給他點讚，覺得你不夠朋友……

而我對友誼的定義是——朋友至少不會總強我所難。比如，不會在我不想出門的時候強迫我出門，而是會因為天色已晚，天雨路滑，反而勸我早點回家休息；不會因為我不想喝酒還強迫我喝，而是會因為我不能喝酒，反而勸我不要喝或少喝。

真正的朋友，會體諒對方的為難之處、會照顧對方的感受。

明明知道對方最怕老婆，對方老婆也來了電話，說好了回家的時間，現在對方歸心似箭，已經在頻頻看表了，還要死拉住對方說：「不准走，今晚決戰到天亮，誰先走誰就不是換帖的兄弟了。」

我覺得，這種喜歡以友誼之名「綁架」朋友，讓朋友左右為難來證明友誼真、關係好的人，純屬無聊。

這是因為，並不是每個人都喜歡呼朋引伴的熱鬧氛圍，並不是每個人都喜歡不醉不歸，並不是每個人都喜歡晨昏顛倒，加上每個人的經濟能力、身體狀況、生活習慣、興趣愛好都不同。

有的人理所當然地要求別人，按照他自己的標準去跟他交朋友——你覺得別人要陪你跑馬拉松、陪你夜夜笙歌才夠朋友；那麼，你還會覺得別人陪你賭博、做違法犯罪的事才夠朋友呢？

我知道，做你的朋友其實很簡單——只要我願意為你做我不想做的事就行了。可是，做我的朋友更簡單——只要你別逼我做我不想做的事就行了。

那種動輒因為別人沒有按照他的意願行事，就覺得別人不夠義氣、不是朋友的人，我想，還是不做你的朋友比較輕鬆。

「找碴心理學」，害人又害己

不知道你有沒有玩過「大家來找碴」這個遊戲，就是在最短的時間內，快速找出一幅圖中的所有錯誤。這相當考驗人的眼力和定力，找出來，你就贏了。

我有個親戚，是個熱心且善良的老太太，可總是無法讓人喜歡起來。

她第一次到我家做客，一進門就指出傢俱的擺放不符合風水、魚缸裡魚的數目不對、陽臺上的花養得不夠豐美……哪哪哪都不對，彷彿是大人物親自蒞臨檢查。

而我總是哼哼哈哈、客客氣氣地敷衍著她。

午飯，我端上一盆水煮魚。她又嘮叨地說：「哎呀，水煮魚裡放了花椒，你不知道花椒致癌的嘛！」

因為一起坐下來吃飯的還有別的客人，我連忙解釋道：「知道你們平常都不太吃麻辣，我今天放得特別少，偶爾吃一吃沒有關係的。」

她繼續說教：「書上說花椒吃多了致癌，以後做菜千萬別再放了。」

「好。」我口是心非地應道。

那盆水煮魚，她一連吃了好幾碗，一邊吃還一邊嘮叨：「味道還是很不錯的，就是以後別放花椒了。」

臨走向我告別的時候，她仍不忘記提醒我：「記住了，以後做菜別放花椒啊！」我真是啼笑皆非。

其實，我心裡明白，她並不是真的多麼介意花椒，她在乎的是她的正確性——在花椒這件事上，她是對的，我是錯的。這令她在潛意識中獲得某種智商上的優越感。

也是這位老太太，在週末大清早打電話來，用毋庸置疑的語氣命令我：「你要轉告你媽，我最近看的一本書特別好，叫《XX健康之道》，你快拿筆記下書名，一定要買。」

「嗯！好！」我嘴裡應承著，但根本沒去拿筆，因為那本書我不會去買。我對家人說，她太好為人師了。

後來，我從家人口中知道了她的不幸——她被丈夫拋棄，兒子在外地打工不回家，沒有退休金，生活窘迫。

有時候，最好為人師的往往不是成功者，而是失敗者。他們比任何人更需要、更渴望抓住任何一個細微的正確，從而來證明自己——否定你不是為了否定你，而是因為這件事對他有不同的意義，能用來證明：我是對的、我比你懂、我比你聰明、我知識很淵博。

倘若人生無法過得足夠正確，那就只好在別人的錯裡尋找自己的對。這源於一個人內心深處的不安全感和自卑感。

在生活中經常會遇到這樣的人，無論你在談什麼，他們永遠在潑冷水——他們熱衷於對任何事物毫不考慮就一概否定。

你說：「某某升官了。」他馬上說：「他那個職位，吃力不討好，兩頭受氣，坐上去有得受的了。」

你說：「某某找到對象了，看起來很幸福。」他冷笑著說：「秀恩愛，死得快。保證不出三個月，就會一拍兩散。」

你說：「我要搬新家了。」他皺起眉頭說：「才裝修幾個月就搬進去，小心得白血病啊！」

聽到這些「哲理」，你就知道，他已經把「大家來找碴」這個遊戲帶到現實生活中來玩了。

事實上，可能是因為他很清楚——自己沒辦法升職，只好讓自己相信別人的升職不是好事；自己沒辦法秀恩愛，只好相信別人會死得快；自己沒辦法住新家，只好安慰他人新房子有污染。

否定別人的人，潛意識是在安慰自己的嫉妒心。否定別人的那一刻，會讓他產生自己很高明的錯覺。習慣性地否定別人的人，已經無法從自己的人生和事實中尋找到自己的高明之處，只好通過別人的錯誤來抬高自己的高明之處。

一個人能正視自己的嫉妒心是一件很難的事，說「我在嫉妒」似乎比說「對不起」還尷尬。當你急於糾正或否定別人的時候，先想想，這件事是不是不得不糾正別人——你是出於正義感、善意，還是源於內心的自卑和嫉妒？

是真心覺得平淡，還是恨別人的榮華富貴；是真心相信有錢不一定幸福，還是因為自己對賺錢無能為力。如果是後者，你要勇於正視自己內心的自卑和嫉妒——與其讓自己活在拼命否定別人而肯定自己的幻覺裡，可笑地自欺欺人，不如去努力完善自己，追求更好更正確的人生。

別在他人身上玩「找碴」遊戲，找到了，你也不會是贏家，不管你找出了別人多少處錯誤，也無法掩飾你的失敗；不管你證明了別人有多麼愚蠢，也不意味你不蠢。反之，如果遇到有人拼命地批評你、否定你，請不要生氣，請用同情的眼光看著他——你是對自己的人生有多失望？有多自卑？才需要這麼拼命地用別人的錯誤來證明自己呢？

當有人總是索取讚美

朋友告訴我，她的一些朋友總喜歡在她面前訴一些無關痛癢的苦。

例如，明明住在一百坪的豪宅裡，偏要不斷在她面前抱怨：「我家房子好小啊！住著一點兒都不舒服……」朋友和母親還寄人籬下地住在親友家五十坪的房子裡，雖然她聽得心痛欲碎，還得咽下這口氣去安慰對方：「一百坪不小了，你們家才兩個人，住這麼大的房子多寬敞！」

再如，一位工作穩定、身家百萬的朋友，在她面前不斷嘆息：「哎呀！我好窮喔！每個月的薪水就這麼一點……」朋友只得每次反駁：「你們家已經很有錢了，房子有那麼多間，光收房租都收不完，還需要在乎薪水嗎？」

我一聽，搖頭道：「這哪裡是訴苦啊！明明是赤裸裸地炫耀嘛！」

我身邊也有這樣的女生。比如，她明明已經很瘦了，還說要去減肥。我反駁她：「你已經很苗條了，減什麼肥呀！」

她們的「抱怨」是固定的，她們篤定，答案也是在她們的意料之中。

她們喜歡且需要別人的讚美、肯定或反駁，以此想讓自己更快樂、自信。所以，她們會一次又一次地「拋磚引玉」。

人在得意忘形的時候，往往恨不能把幸福昭告全天下，這一點無可厚非。但有些人喜歡把類似的炫耀天天掛在嘴邊，見你一次說一次，說得你耳朵都長繭了，你還要每次配合演戲似的恭維她。

這樣索取讚美，顯得不厚道。

於是，我跟朋友開玩笑說：「那麼，下一次她再在你面前說她家房子小，你要是忍不住了，就順著她的話說——是啊！妳家房子真是小。我認識一位跟妳老公做同樣生意的朋友，人家都住進別墅裡去了。妳說，妳混到現在，也就混出了個四房一廳的房子，叫妳老公再加緊努力吧！」

過了幾天，朋友笑嘻嘻地打電話告訴我：「我那姐妹，哈哈，我一說她家房子的確很小，她大吃一驚，望了望我，馬上閉口不言，再也不跟我提房子的事了。以前，我反駁說她家的房子不小，她還要找種種理由論證房子如何小，我們至少還要爭論二十分鐘。」

朋友太壞了，我沒想到她真的跑去跟對方這麼講。

好吧！以此類推。

「你沒錢？對，你是沒錢，雖然你家產多，不過你若不懂自力更生，很快就會坐吃山空。」

「你要減肥？是的，你這種只希望靠外在美『鎖』住男人的女人，一旦肥起來，後果不堪設想。」

「你男朋友天天給你買零食吃是對你好？他想套牢你才是真的，等把你養得又肥又醜，沒人要了，好滿足他虛弱的安全感。」

當然，話不能這麼說，在心裡想想就好了。我們還是要懂得——贈人玫瑰，手有餘香。

第四章

情感經營心理學——與人相處事半功倍

隨著不斷的成長，
我對友情慢慢有了新的認識。
我開始明白，水至清則無魚，
朋友就是按不同形式分散在自己的世界裡。
沒有一個朋友是完美的，
他們都有缺點，也都有可愛之處。

別讓尊重「遲到一會兒」

我有個朋友，和她約會非常考驗人的耐心，因為她是「遲到大王」，只要有約必定遲到——出來吃飯讓你只等三十分鐘，已經是給足你面子了！

明明半個小時前，她在公車站接了你的電話，很確定地對你說：「我到了！」但是，之後她會解釋：從公車站走過來，等電梯，在茫茫人群中找到你，所以多花了這短暫的半小時，你怎麼好意思認為我遲到了呢？

況且，人家在出發前還貼心地說：「你如果覺得餓，可以點菜先吃。」她這樣善解人意，讓你既不好意思「先吃」，又不好意思因等待而面有慍色，以免讓人家認為自己對這餐有多著急。

而她經常遲到一個小時以上。你每次打電話去詢問和催促，總會得到「我到了」或「我快到了」的回答，她的語氣誠懇得讓你誤會，彷彿那個望眼欲穿的倩影頃刻就會出現在餐廳門前，令你收起翹首盼望的姿態，轉而正襟危坐，味蕾開始分泌口水，饑腸轆轆的胃也歡欣鼓舞地調整到即將開動的狀態。

可是，過了三十分鐘，她仍然還沒來。你開始懷疑你和她不是活在同一時空裡，你這裡漫長的三十分鐘或許在她的世界裡僅僅是「滴答」的一秒鐘。

等到她終於來了，你早已餓得前胸貼後背，無力追究她是經過怎樣的困難重重和千山萬水才抵達你的面前，而她一臉無辜，明明遲到卻不自知。

充分了解她的這項特點之後，跟她吃飯，你會事先帶本書或把手機充滿電。你是去餐廳吃飯嗎？不，你主要是去餐廳獨自看書和玩手機，順便與她吃頓飯。

有時候大家見面不僅是吃飯，還會一起看場電影。那這就更慘了，即使你肯等，電影也是不等人的，別人都排隊進場了，你只能站在門口乾著急。等她姍姍來遲，大螢幕裡男女主角的愛情早已瓜熟蒂落、修成正果了。

我和她總共看過兩場電影，一次我請客，一次她請客，結果都一樣——遲到。所以我發誓再也不要和她看電影了！真不知道那些和她約會的男人會怎麼辦……

我給她介紹過一個朋友，不久後接到她的投訴，說這男人和她相約去公園賞花，居然遲到。

我聽到這件事的反應是：啊！她也有今天。居然有人比她還要會遲到！

我半信半疑地向男方確認，對方很委屈地說：「我以為她不會那麼早到。」我立刻了解了事情的始末。

想來這個男人每次約她，她都遲到。男人便以為掌握了規律，覺得自己偶爾遲到一下子沒關係，也一定會比她早到。沒想到，這次她破天荒地準時到達，卻發現現場竟無人恭候大駕，便感到生氣而怪罪對方遲到。

愛遲到的人，反而不容易原諒別人的遲到，之所以每次遲到就是為了讓自己不用等。有些人永遠讓人等，卻永遠不等人。這樣的人不是在遲到中殺死友誼，就是在遲到中殺死事業。

友情中不只有包容和責備

網路上有一個問題：如何安撫生氣的朋友？

我想說的是，最好不要惹朋友生氣，這樣就不需要安撫了。因為朋友生氣了，一方面，你不知道能不能安撫；另一方面，就算安撫好了，你也不能保證你們的友情不會出現裂痕。

某段時間，我和朋友A因為共同朋友B的事情產生了巨大的分歧。我們兩個既是女人又是文人，吵起架來像雞飛狗跳一樣慘烈，結果就是兩敗俱傷——她覺得我無理取鬧，我覺得她不可理喻。

在氣頭上的時候，我以為自己從今往後再也無法與這麼一個自以為是的人溝通了。她應該也是這麼想。

大家互不理睬好幾天後，我才慢慢冷靜下來。開始想她種種的好，她是一個淳樸、感性、可愛、有才華的朋友，除了在這件事上和我有分歧外，其它並沒有什麼不好。

隔幾天，她在我的微信留言了。

雖然她的話語好像還在批評我，展現出餘怒未消的樣子，但我趕緊向她示好，對她說：「不管妳是不是因為我們的觀點不同而討厭我，我都會單方面地喜歡妳，永遠把妳當成我的好友。」

於是，我們和好了，又可以把各自的秘密告訴對方了。

還有一次，我因為一件事成為眾矢之的，被一群人罵得痛不欲生。還好有一個朋友出來挺我，幫我說了幾句好話。事後，在我向他表達謝意的時候，他很委婉地提醒：「她當時也在場，怎麼沒有出聲？她不是你的好朋友嗎？」

我淡淡地說：「可能她有自己的想法和處事風格吧。」

其實，我一開始對她的明哲保身是有點介意，因為，如果她有和我一樣的遭遇，我一定毫不猶豫地為她挺身而出。

可我念頭一轉，她那麼可愛和有趣，我和她在一起那麼開心，她願不願意在我面臨困境時向我伸出援手其實並不重要——因為我和她交往的初衷，並不是為了利用她。難道我要因為這麼一件小事，拒絕一個能令自己開心的人嗎？

這麼一想，我就釋懷了。

隨著不斷的成長，我對友情慢慢有了新的認識。我開始明白，水至清則無魚，朋友就是按不同形式分散在自己的世界裡。

有的朋友和你可能已經沒有什麼共同語言，但是還是可以溫暖地相互陪伴；有的朋友則是一起吃喝玩樂，讓彼此開心；有的朋友就算久不聯繫，但只要需要他，他就會立刻出現。

沒有一個朋友是完美的，他們都有缺點，也都有可愛之處。

曾經有一段時間，我矯情又任性。比如，我認識了一位新朋友，和她一見如故、相談甚歡，也吃了好幾次飯。

有一天，我心血來潮打了她的電話，對方在電話裡問：「請問你是誰啊？」我的「玻璃心」嘩啦就碎了，我當下這麼回她：「對不起，打錯了。」

我生氣的是，對方居然沒有存我的電話號碼，居然聽不出我的聲音。掛了電話，我就把對方的電話號碼刪掉，並決定老死不相往來。

過了一段時間，她在網路上問我：「最近怎樣啊？」

我不客氣地回說：「我怎樣也和你沒有關係。」

這弄得對方一頭霧水，都不知道怎麼把我得罪了。

現在想起來，我都覺得當時的自己好奇怪。因為我根本就是個雙重標準的人，自己平時也不存別人的手機號碼，手機通訊錄裡的連絡人，最少的時候總共就三個。但我只偶爾一次發現別人沒存我的手機號碼，居然就覺得自己被辜負了。

現在我很慶幸，別人並沒有因此與我絕交。

友情被我這樣沒人性地揮霍著，直到有一天，我也站在被友情「納入黑名單」的位置，才覺得委屈：為什麼我為你做過一百件對的事，只因為某一刻不小心做錯了一件事，就不能原諒我？而這就像亦舒說的「做朋友，是論功過的，相識的日子中，如果加起來功多於過，這個朋友還是可以維持下去」。

讓「調皮搗蛋孩子」自己成長

網路上有一篇很熱門的文章〈摧毀一個調皮搗蛋孩子有多困難〉，網友不約而同地吐槽「調皮搗蛋孩子」的惡劣行徑，以及自己如何懲治他們的方法。

我不喜歡「調皮搗蛋孩子」這個詞，不喜歡這樣滿滿惡意的標題。

我以前也有遇到過人們說的這種「熊孩子」。

這孩子是青梅竹馬的弟弟，小時候經常去她家玩，難免遇到她弟弟——一個被重男輕女觀念寵壞的小孩。看見我就吐口水、捶打我，充滿各種敵意。每一次，他對任何一個出現在他家的客人都懷有攻擊性。

當時我不是很生氣，大概是因為愛屋及烏吧！不會想要去跟好朋友的弟弟計較，加上他年紀比自己小，這種侵犯對我也不會造成實際損傷，只是讓我有一點點煩。

多年後，再遇到他，因為被一個女孩子深深地傷害與欺騙，他跟著他姐來我這裡尋求支援，請我幫忙出主意。

我看他長成了挺拔的小夥子，老實而沉默，因為失意的感情而神色憂傷。

然而，我會因此覺得他活該、惡有惡報嗎？不，我挺為他難過的。誰會對十幾年前的小事記仇？誰會對一個小孩子的幼稚行為耿耿於懷？可能他自己也不記得了吧……

那天，我給他分析，建議他將這件事訴諸法律，找那個女子索賠。可他始終相信對方不是故意的，即使對方嚴重地傷害了他，他仍然不肯與她兵戎相見。他對那個曾經愛過的壞女人，始終心懷柔軟，只想做個妥善了結。

還有一個「調皮搗蛋孩子」是朋友的兒子。每次去她家，這孩子都對我拳打腳踢。當然，這之中一定有父母的縱容。

我不可能和他對打，只好左躲右閃。反正不用天天見他，也不覺得這是個困擾。過了一段時間，我又去朋友家拜訪，這孩子也上小學了，但他突然像變了一個人似的，顯得相當懂事和有禮貌。

看見我，他會主動和我打招呼，問我渴不渴，想喝什麼，然後拿自己的零用錢去買飲料、水果給我，相當殷勤。甚至，還把家裡所有好吃、好玩的全都找出來和我分享，然後自己在一邊安靜地寫作業。

我要離開，他就拼命挽留我：「阿姨一定要留下來，我讓我媽做水煮魚給妳吃……」我說：「你小時候經常打我喔，現在怎麼變得這麼懂事了？」

他摸著頭，不好意思地笑了笑。半晌之後，他有些憂傷地說：「當我知道我媽媽和我爸爸要離婚的時候……」

大部分「熊孩子」其實是階段性的「調皮搗蛋」，因為某個階段認知力和自控力的欠缺所導致，他們長大後通常會變乖、變好。

當然，我不認為「調皮搗蛋」是對的。有些孩子的確欠缺教育，但我反對敵視孩子。一個人的一生中再怎麼受寵愛，其實可以恣意任性、為所欲為的時間真的很短暫。

每一個被嫌棄的「調皮搗蛋孩子」，現實生活自會教育他，有天他們都會被社會「制伏」，也會在殘酷的現實中被「馴化」，變成循規蹈矩且疲於奔命的成年人，然後可能會被上司欺壓、可能會被愛人傷害。不停地努力工作，致力於買房買車、娶妻生子，再開始指責或鄙視下一代的熊孩子。

就像現在看起來穩重的成年人，也是從無知淘氣的「調皮搗蛋」，一路成長起來的。他們享受過長輩的寵愛與包容，才學會了如何與世界溫柔相待。

原諒調皮搗蛋的孩子吧！也許我們也曾是別人眼中「調皮搗蛋的孩子」。

付費是最低成本的求助方式

這一年下來，我私下回答過不下百人關於寫作的問題。然而，向我諮詢且獲益最大的是我的一位朋友，我每回答她一個問題或指導她完成一篇文章後，她會直接寄紅包來給我，以示感謝。這樣的紅包，其實金額都不大，倘若我以協助她的時間來衡量金錢的話，一定遠超過這些紅包的總價。

我願意幫助她的原因有兩個：一是明明可以講感情，她卻願意發紅包來肯定我的價值；二是她用紅包向我表達了她的誠意。

有些人長篇大論地向我表示，他們如何喜歡寫作，我有時會建議他們採取付費方式去補習班進行系統性的學習（做這種建議，當然不會給我帶來任何利益）。結果，他們就沒有下文了。這讓我覺得，他們並沒有多少學習的誠意。如果你都不願意為你的夢想花錢，說明你的夢想一點也不值錢，你並不看重它。

我這位朋友，很看重自己的努力，也很尊重別人的時間。

這令我與她交流得最多，跟她分享的知識也特別實用，包括手把手地帶她去圖書館看書，帶她進作者圈，根據她的學習進度給予她相關資訊，指點她構思、創生靈感……

她用不到半年的時間，在網路上發表了好幾篇文章，而且都是以千字幾百元付稿酬的專欄文章。按她的稿酬計算，大約一篇文章的收入已超過支付給我紅包的十倍以上。

當然，這並不是我的功勞，是因為她對自己的夢想有足夠的誠意，並且一路堅持了下來。

很多人的心態是：能免費獲取的東西，我為什麼要付費呢？所以，他們寧願浪費自己的時間去問人，然後到處「磨經驗」。

來一場心靈的溝通

很少有人願意承認自己不喜歡旅行，就像很少有人願意承認自己喜歡打麻將一樣。打開任何一本雜誌上的徵婚廣告，男女老少幾乎不約而同地都選擇了閱讀、旅行、音樂或運動這一系列端正又不失體面的愛好。

世界上不會有兩棵相同的樹，世界上卻有那麼多雷同的人——想法、做法、說法、愛好都一樣，連所追求的也一樣。

可是，真的一樣嗎？

我曾經遇過一個男人，當我問及他的愛好時，他自稱喜歡運動；當我問他喜歡什麼運動時，他想了很久才慢慢說出兩個字：爬山！然後我說我媽也很喜歡爬山，她每天都去爬山，他竟接不下話。

事實上，我舉的並不是特例。如果深究周遭旁人的愛好，可能大多數人的公開愛好都經不起推敲。

或許號稱喜歡閱讀的人，每個月只會翻看一些時尚雜誌；或許號稱喜歡烹飪的人，頂多也只會做蛋炒飯；或許號稱喜歡音樂的人，也只是在KTV唱〈兩隻蝴蝶〉、〈老鼠愛大米〉。

有時候，我不知道他們是不懂得自己，還是不懂得愛好。

當然，愛好不分層級，你不需要達到什麼專業程度，才能夠獲得資格。

在愛好面前人人平等，或許我們無權要求，至少我不會輕易在人家面前宣稱喜歡美術，卻怕人家跟我深入談論什麼是印象派、什麼是巴洛克。我充其量也只是個保守派，怕被人揭穿而下不了臺。

同樣地，我不在人前談旅行。我未曾到過西藏、不曾領略過麗江，沒走完萬里長城，也只在網上看過鳳凰古城……更重要的，我前半輩子都不喜歡搭乘任何交通工具。

曾去過兩個外縣市，但都是因為工作。在湖北時跟著整個公司部門完成過一趟短程旅遊，勉為其難地參加員工旅遊，只是因為不想被同事認為我孤僻、難相處。

記得，當時我們站在山腳下，聽導遊講解那些牽強附會的傳說和形象。

導遊說：「你們快看，這座山像不像猴子？再往右看，那個石頭像不像一個女人？」

大家一窩蜂拿著相機猛照，有的人看了半天看不出所以然，只好再努力一點，看了又看；有些人則故作驚喜地說：「哎！我看到了，我看到了，真的很像。」

可能是我這個人太主觀，不太容易被別人的意見影響，不管導遊怎麼循循善誘，我對著驟然推薦給我的一座山，都無法順著導遊的意思去聯想……說是聯想，不如說是對一處景物進行集體幻想。

無獨有偶，我現在所在的公司旁邊就有個景點，幾乎每天都有遊覽車停在樓下。

有天，我看到導遊帶著一群男女老少講解著公司門前的一棵小樹。導遊站在那裡，煞有介事地拿著喇叭說：「大家快看，這棵樹名叫紅豆杉，是南方特有品種，它的藥用價值是消腫……」於是，那班遊客興致勃勃地將我平時上下班經過時正眼都不看的樹團團圍住。

我想這其中不會有生物學家，也不會有個遊客真的對一棵不知名的樹的名稱、藥用價值充滿興趣。也許自家門口幾棵樹的品種，他們未必都認識。但花這麼多錢，大老遠跑過來看一棵樹，不好好記住名稱、拍照留念，怎麼對得起旅費！

其實這並不是那麼好笑。我們旅行的時候，大老遠衝過去看的、感到驚喜的、讚嘆欣賞的、驚聲尖叫的、少見多怪的，也許只不過是人家門口、村口、路口微不足道的一棵樹、一塊石、一座山。

而對方不過是禮尚往來，來看、驚喜、欣賞、尖叫、少見多怪的也是我們的門口、村口、路口那些我們覺得微不足道的一棵樹、一塊石、一座山。

或許別處的月亮更圓，你可以說自己去過很多城市，遊覽過很多地方，可是印象似乎千篇一律，都需要靠照片才能記起。然而人與城市、人與樹、人與人之間始終都要講緣分。

你在路上能看見很多美女，也許還拍過很多美女，但沒有交流、沒有接觸就沒有任何意義。走馬觀花的旅行，就像路上見過的許多不曾交流過的美女——她們不斷地經過你的眼前，卻不曾走進你的心裡。

每座城市、每棵樹在每個人的心裡都應該有不同的想像和理解或不同的樣子，而不應是千篇一律的故事和講解。

或許，多數人在心目中對旅行的定義，只不過是一個地名、一堆紀念品、無數照片、一場聚散、一次流汗、一身疲倦。如果這是旅行，我就不喜歡旅行，我不喜歡人們所謂的廣義的旅行。

我曾對一位好朋友說過，第一次換工作，我感覺像是一場旅行——從一項執行內容旅行到另一項執行內容；從一種人際關係網旅行到另一種人際關係網。這種體驗很有趣。

我不知道他是否能夠聽得懂，我心目中的旅行就是這樣的，時時刻刻、隨時隨地。

如同有人問我，你走路的時候為什麼東張西望？其實，我心情好時會看路邊的樹木和人群。我太熱衷於聯想，沒事會看看樹，想像它們的樣子。只是，我不需要知道它們的名字，但我知道我比誰都懂得它們，因為它們已走進了我的心裡。

我會記得中山路那一棵樹長得比較像中國地圖，不是別人介紹給我的，是我自己發現的，也是我自己的感覺，而它是我一個人的風景。

我知道西湖那兒有一排樹的樹冠看起來像心形。有天，我指給同事看，她先看了看樹，後看了看我，雖然也覺得有點像心形，但還是得出一個結論：「你犯花癡了！」

然後，我笑了，假如不是我而是旅遊時導遊介紹給她看的話，她搞不好會覺得導遊很專業，覺得風景很難得，覺得驚喜，因而努力地拍照。

我們不應為旅行而旅行。因為每個人的人生本就是一場漫長的旅行，所以，請勿閉上眼睛、鎖住心靈而錯過了風景。

行走是用身體旅行，美食是用味蕾旅行，音樂是用耳朵旅行，香水是用嗅覺旅行，愛情是用靈魂旅行。而閱讀是在別人的思想裡旅行，傾聽是在別人的經歷裡旅行，社交是在別人的生活裡旅行，情感是在別人的生命裡旅行。

如果你用心，懷有足夠的敏感，每一次都是驚喜，每一處都是風景，每一刻都在旅行。

這件事情沒有標準答案

我的一個異性朋友去參加八分鐘約會，一名女孩子問他：「如果我成為你的女朋友，有天，在公共場合我的鞋帶鬆了，你會主動替我把鞋帶繫上嗎？」

友人老實地回答：「假如你當時不方便，譬如手裡提著東西的話，我很樂意為妳效勞。」

女孩子聽了，臉上流露出失望的模樣。因為她心中早有標準答案：如果這個人真的愛我，他應該不講自尊、不畏麻煩，能夠隨時隨地彎下腰，替我繫好鬆開的鞋帶。

因此，朋友在第一時間被過濾掉了，呆坐八分鐘後，座位輪換到下一桌。

這時，他聽見剛剛與其交流的女孩子對下一位相親者問同樣的問題……顯然，這女生一定是韓劇看太多了。

有些女孩出來相親，沒弄清楚自己需要什麼樣的愛人。有些姑娘劈頭就問對方月收入多少、是否有房有車……或許她們骨子裡並不是物質的人，只是覺得別人都這樣要求，自己這麼問大抵上也不會有錯。

有些女生則太文藝，深受雞湯「美文」的影響，從那些愛情金句裡總結出了一套試題，標準答案多數有相同的句式：真正愛妳的人，他會這樣……

因為這些愛情試題，有人在世上尋找一個願意隨時隨地為自己繫鞋帶的人，有人則在世上尋找一個即使自己快餓死也會把唯一一碗粥留給自己的人。但是，她們根本沒有考慮過，四肢健全的自己為什麼需要一個幫忙繫鞋帶的人？生活在富足的年代又有多少機會讓對方用付出一碗粥來展現真愛？

事實上，就算有人真的時時刻刻如此矯情地愛妳，妳未必吃得消，最後可能嫌他囉唆、嫌他麻煩、嫌他煩人、嫌他沒有男子氣概。

有些男人因為善於花言巧語，將這些抱著幻想的姑娘迷得七葷八素，結果在生活中逐漸暴露出的自私、懶惰等本性或是賭博、家暴等惡習，才讓她們呼天搶地，怪恨死自己當初瞎了眼。

確實，只用愛情格言來談戀愛就相當於只用耳朵不用腦子，而看錯人又有什麼好奇怪的呢？我身邊有一位姐姐，她從小多愁善感，迷戀瓊瑤劇，總幻想能談一場浪漫多情、從一而終的戀愛。

後來，她碰到一位帥氣學長，對方熱烈的追求使她很快地墜入情網，甚至聲稱非他不嫁。他傳給她非常煽情的簡訊，其中一則寫著「我對妳的愛情早有預謀，最後不是妳殺死我就是我殺死妳……」多麼轟轟烈烈的山盟海誓！正是她要的那種感覺。

不料，結婚沒多久，她在他的手機裡發現一模一樣的簡訊，是他傳給別的女人。於是，她拿著拖把追著他滿街打，邊打邊說：「你說，現在到底是我殺死你？還是你殺死我？」

可能有人會以為這樣的姑娘很少吧？不，身邊絕對有一大把，而她們隨時都能脫口而出的句子是「他如果愛我，就會怎樣……」或者「他如果愛我，就不會怎樣……」你看，到底中了多深的愛情文學之毒！

許多女生一旦成為女朋友，就會開始要求男友戒煙、戒酒、戒遊戲。有些男人抽煙快二十年了，妳一來就要人家立即「重新做人」還不覺得不妥，因為妳心中有一個標準答案：若他真的愛我，就會為我而改變。

這樣的格言是多麼一廂情願，但對方並不能反過來指正自己。假如男朋友讓她減肥或者要她學著做家務，她的標準答案馬上就會換成另一個，擲地有聲地說：「若你真的愛我，就應該接受我的所有缺點。」

她們不覺得自相矛盾嗎？最好的愛情應該是互相付出、互相包容，也願意為彼此改正自己的缺點。

還有一道愛情經典選擇題：有一個人，他有一千塊，他把一千塊全給了妳；另一個人，他有一百萬，他只給妳一萬，那麼妳會選擇誰？

許多人毫不猶豫、理所當然地選擇前者。但我認為，選擇應該因人而異。

倘若，妳生活富足、經濟獨立，選擇誰不過是看自己的喜好——有人喜歡熱烈燃燒，有人喜歡安穩雋永，有人享受百分百的熱情，有人享受分城而居的婚姻。再說，肯在有一千塊時給妳一千塊的人，未必會在有一百萬元的時候也給妳一百萬。

所有走在擇偶路上的姑娘，都應該靜下心來想一想，自己的優缺點是什麼，自己最在乎對方的優缺點是什麼，自己最需要得到的又是什麼。

當妳清楚地知道自己的內心時，妳才會發現，自己生命中的另一半未必是那個隨時隨地為妳繫鞋帶的人，或是那個饑餓的時候讓給妳一碗粥的人，甚至是那個在妳和他母親同時落水時會先救妳的人。

有人嫁給老煙槍、有人嫁給懶惰蟲、有人嫁給小氣鬼，愛情沒有最好，只有最適合。

愛情格言可以拿來打發時間、陶冶身心，但若當成擇偶的金科玉律就會大錯特錯。

做個有趣的人

有位做企業培訓的朋友，她的口才極好，擅長將一件平淡無奇的小事描述得妙趣橫生，她最常給我們講的故事是：「我的相親對象是奇葩。」

一次，她去會見號稱在本市某家主流媒體就職的A男，見面後她問對方：「你在H報負責哪一塊？」A男豪氣干雲地一揮手：「五四路、華林路那一帶都歸我管。」

「什麼？」

那男人慢條斯理地解釋：「那一片的報紙都是我送的！」原來，媒人口中的媒體業者，其實是派報員。

還有一次她去親戚家，親戚在席上突然說要給她介紹對象，一通電話就把B男找來，當著她的面盤問對方。問到收入時，B男羞澀相告：月薪兩萬兩千元。

女方還未表態，親戚就先覺得這薪資待遇太差，直接追問：「那你的工作以後會加薪嗎？」B男頭低得更低，態度非常肯定、認真、老實地說：「不會。」

這麼新鮮生動的第一手八卦總是令我們笑得噴飯，以致於如果她一段時間不出去相親或者不講這些笑話，我們都覺得人生少了點樂趣。

好幾年過去了，和她相親過的人也都結婚了，但她不是在和奇葩相親，就是走在和奇葩相親的路上。

我們開始覺得這些相親笑話不那麼好笑了，比如我介紹給她的牙醫，只是在見面時出於職業習慣建議她「妳有否考慮過將調整一下門牙」，就立即被她視為言行令人討厭的人。

我小心而委婉地提醒她：「介紹人把相親對象介紹給妳時，大概都考慮過雙方是否適合，如果大家都覺得配得上妳，妳卻總是看不上，會不會是妳的眼光過高了？」

有些人可能天生缺乏對異性的感悟能力，導致他們在相親過程中會太過敏銳地發現對方的缺點而看不到對方的優點。一個人除了健康和品格上的缺陷，其他方面的特點都具有兩面性，比如語言無趣的人不會拈花惹草，小氣從另一個角度看就是勤儉，而太殷勤、太浪漫的男人可能是花花公子。

和這朋友相反，有位極富男人緣的女同事，各方面條件未必出眾，但她有一點兒小花癡，好像沒見過男人似的，彷彿身邊每位異性都是讓她心動的人——A不帥但很幽默，B不高但打扮很時尚，C溫柔體貼又很可靠。所以，她雖然也失戀過，但總能很快地、歡歡喜喜地投入下一場戀愛。

真正的幸福，不是找到一個沒有缺陷的男人，而是有能力去接受一個不夠完美的另一半。

會出來相親的男人和會出來相親的女人一樣，對於陌生人都帶有一點遲疑和試探，他們在你面前也許並未完全放開自己——不幽默、不大方，也許只是他們還沒有確定到底要不要吸引妳。

而妳投以對方的欣賞目光，會是讓他們變得可愛的最大鼓勵。所以，多一點耐性，妳將會看見他們像孔雀般，一點一點地把自己美好的一面展現出來。

就像我有個很要好的男生朋友，他有次挺認真地對我說：「我啊！看到街上的女孩子，大多數都覺得很漂亮。」然後，他便孩子氣地用手指著路過的幾個女生，說這個很漂亮，說那個很時尚，再回頭對著我：「妳也很漂亮。」

我沒有愛他之心，但是那一刻，真心覺得認為我很漂亮的男人是可愛的。後來他娶了他聲稱是大美女的女人做了老婆。即使我們對此都不以為然，但是別人怎麼認為並不重要，他自己的認為才是重要的。

就像蔡康永所言：「你感覺到風時，風才在吹。你把宇宙放在你的心裡，宇宙才存在。」

你的心可以是讓人變形的鏡子，看全世界的人都是奇葩；你的心也可以是美顏相機，看所有人都是俊男美女。

共鳴是溝通的潤滑劑

「我再也不相信愛情了！」我不記得這句話是從什麼時候開始流行的。每當有公眾人物，特別是明星鬧出軌、離婚，網友總是不約而同地說出這句話：「我再也不相信愛情了。」

對於人們來說，這究竟是一句應景的戲言，還是對殘酷而現實的世界進行的集體宣洩？不知道是因為時代變遷還是因為年齡增長，無論男女，我身邊相信愛情的人似乎越來越少。比如我給人介紹對象，男方向我詢問的內容多是女方家庭條件、工作內容、薪資待遇、有沒有週休二日，甚至保險相關議題……而我那些長期參加相親的女生朋友們也不肯降低對男方的要求，執著地堅持要找有房有車、年收入上百萬的男性。一個人在擇偶時對硬體條件的要求越來越多，就表示這個人留給愛情的餘地越來越少。

我不想簡單地批判這樣的選擇是對或錯，我只想講述一則非常勵志的愛情故事：

我有個女性朋友，我們是透過網路認識的。她的人品很好，可是第一次看到她時，我吃了一驚。當時，她是為了網路戀愛奔赴而來的，打算在這座城市找份新工作。當她安頓下來後，便立刻去見和她訂下山盟海誓的男網友，而對方見到她後，竟立刻扭頭就走。

事後，她非常悲傷地對我說：「我想，我這輩子都不會遇到愛情了。」殘酷的是，當時我在心中默默認同她的話——因為當時的她相當胖。

後來，她找到了一位帥男友，比她小三歲，身高一百八十公分，曾擔任過平面模特兒……這是不是美好得不像是真的？

她身邊所有的人都把這場戀愛當成騙局，她的男同事直言不諱地說：「妳和他戀愛，以後會受重傷的。」

她的回答很坦然：「和他在一起，也許以後會很受傷；但是不和他在一起，我現在就會受傷了。愛情對我來說本就是可遇不可求，有機會，我就要緊緊抓住，有機會，就算受傷也是好。」

她不顧一切地投身於愛情，全心全意地付出。她對男友非常好，男友網路成癮，兩年來沒有過穩定的工作，他每天在兩人的出租屋裡打電玩遊戲，什麼事也不做。她無怨無悔地養著他，早上起來先做好早餐，端水讓他梳洗，還幫他把牙膏擠在牙刷上，有時甚至還會為他穿好衣服，她才出門去上班。

她沒有錢，也沒有美貌，但她的愛將他寵成了皇上。

所有人都以為他們會分手，然而並沒有。也許是因為他知道這個世界上不會有另一個女人這樣愛他，也許是因為其他原因。男方在父母的支援下買了一套房子，然後他們結婚了，不久她還生了一個兒子。而他也克服了網路成癮的問題，開始上班賺錢來養家糊口，現在的他們過得很幸福。

這是發生在我身邊的真實故事。我不敢說每個相信愛情的人都能成就圓滿的姻緣，但是相信愛情的人會過得比較幸福，因為愛神只會眷顧願意相信愛的人。

相信愛情，不是相信愛情永遠不會失敗，而是相信這一刻，彼此都全力以赴、傾心熱愛；相信愛情，不是執著於「天長地久」這四個字，而是很多年後，即使分開了，想起這段情、這個人仍能揚起嘴角微笑，心中篤定地浮現「不後悔」這三個字。

「夢想總是要有的，萬一實現了呢？」真愛也是要相信的，萬一真的存在呢？

這是你的逆反心理在作怪

對於愛情這門學問，世間的男女永遠充滿求知的熱情，人人都想通過掌握某些經驗或技巧，讓自己的感情一帆風順，進而修成正果。

隨便瀏覽任一媒體的情感專區，癡男怨女總是不厭其煩地問：要怎樣才能讓他喜歡我？要怎樣才知道她是否喜歡我？要怎樣長期地維持一段感情關係？要怎樣讓對方更愛我、更疼我？

有篇熱門的文章〈男女交往最忌諱什麼？〉，很多人回覆。有人說，男女交往最忌貪心；有人說，男女交往不能沒分寸；還有人說，男女交往千萬不要太做作……

他們總結的不是不對，只是，對於愛情，他們過度專注於經營的問題，忽略了選擇的問題。我認為男女交往最忌諱的，根本不是你貪心，不是你沒分寸，不是你太做作，而是遇人不淑。

遇人不淑有兩種：一種是選擇了一個不愛你的人；一種是選擇了一個壞人。

遇錯了人，你表現得再得體，懂得避開再多的忌諱又有什麼用——妳的溫柔懂事、你的小心翼翼，都一樣會討人嫌。因為，欲加之罪，何患無辭。

我有個朋友嫁給了她的初戀，婚後那個男人懶得上班，天天在家玩。她賺的每一份錢都要養全家。後來因為生了兩個女兒，沒生出個兒子，竟被對方嫌棄。

去年，她查出罹患癌症，男方當著丈母娘的面，嘆了口氣，還對她說：「本來以為可以讓妳養我一輩子的！」

什麼是壞男人？這就是了！患重病還要被埋怨，敲骨吸髓，只恨沒榨乾她最後一滴心血。我見過，貪心做作又沒分寸的人，照樣被人愛得如癡如醉；也見過，做足功課的賢妻良母，照樣被壞男人掃地出門。

有時候，你沒有得到好的待遇，真的不是因為你不夠好，而是你遇錯了人——一開始沒有選對人，之後哪怕姿態再端正，經營再用心，都會是悲劇。

愛情這門學問，首先要學習的不是如何得到愛、如何留住愛，而是如何選擇愛。可我極少看到大家討論要如何選擇對的人、對的愛情，很少看到有人問：如何識別一個男（女）生是否值得愛？

在這一重要決策上，每個人既主觀又自信。從沒戀愛過的人，也相信自己有能力選擇一個愛人，無須假手於人。

也許有人會說，愛一個人不是要義無反顧？愛情不是要無條件付出嗎？這樣思慮嚴謹、步步為營的愛還算是愛嗎？是否太世俗了？

我又不是要你判斷對方有沒有錢、有沒有房，而是有必要先判斷對方是不是一匹狼——不顧一切地把自己的心給一匹狼，不是什麼偉大的愛情，而是愚蠢好嗎？

最近，微博上有個俊男民警，利用自己的網紅身份與多位女生談戀愛，事發後，受害人聯手在微博上聲討他是感情騙子。

我對她們表示同情，另一方面也感覺到這年頭騙色或先騙色再騙財，比單純騙財成功率要高得多。

倘若別人在網上和我們談錢，我們會瞬間提高警惕；不過，別人在網路上和我們談情，只要對方顏值高一點、條件好一點，大多數人幾乎沒有一點點兒防備，因為愛情是盲目的！

可是顏值高、條件好，並不意味著對方是個好人。你只記得保護你的財產，防止被人騙，卻不知道更該保護的是你的心。

戀愛交往是近距離的接觸，明明有很多機會和方法考驗對方——一個人要劈腿，難免要分身乏術；一個人和你談戀愛，卻從不帶你見親友，難道這是合理的嗎？為什麼總會有這麼多人上當呢？

愛情有毒。可是愛情就該讓自己那麼盲目嗎？

我有個朋友，常用相親網站、交友軟體，她告訴我：網路上騙子真的很多，但也不是沒有辦法防範。他們無非騙財騙色，不管對方表面條件多優秀，未確認對方實際狀況之前，不動心、不上床、不借錢，時間久了便能看出端倪——騙子有時間和金錢成本，目標那麼多，不會在一個人身上耗太久的。

對於某些毫無戀愛經驗的年輕人來說，讓自己置於情場，猶如手無寸鐵地處在荒野之中，為了不被狼吃掉，你必須擦亮雙眼；又猶如身在荒野中，採到了一朵蘑菇，你不會貿然吃下，而是先分辨它是否有毒。

可是，你遇到一個人，還沒見過他的親友，完全不了解他的過往，僅憑片面之詞就輕易愛上他、把心交給他，那這是你自己的問題吧？

有些人在選擇愛一個人時會太輕易、太草率，在決定離開一個不夠好的人時又太糾結、太遲疑。如果把前後兩種態度顛倒過來，採取嚴進寬出，選擇的時候小心地觀察清楚，分開的時候果決地當斷則斷，那麼被愛情重創的人會少很多。

別人的才是最好的

有一次在路上遇到故人，他是我國中時期的學長，也是我一位好友的初戀。

很多年前，我曾陪著那位好友在放學回家時，偷偷跟在他的身後。

還有一次，我和她在他家門口，一起用粉筆一筆一畫地寫滿了他的名字：許××、許××、許××……最後在他的名字上用紅色粉筆畫了一個大大的、淘氣的心。

我們畫完之後，拍拍手上的粉筆灰，並肩欣賞著自己的作品。突然聽到身後傳來腳步聲，便嘻嘻哈哈、慌不擇路地逃跑了。

這是小女生的愛戀。

很多年後，我在路上和他不期而遇，若不是有人提醒，我幾乎認不得他，也找不出他年少時的身影——現在的他頭髮淩亂，穿著發黃的T恤，提著籃子在超市買菜。

我無法相信眼前這個平庸而接近中年的男人，是多年前那個花樣少年，是在舞臺上跳舞的少年，是學生時代女生朋友愛戀過的少年。

於是，我忍不住想：自己喜歡過的少年是否也一天天地在風中老去？是否也在家鄉的城市裡日復一日地上下班？是否讓皺紋爬上了他的臉龐？是否平凡地成為哪個女人的丈夫、哪家孩子的爸爸？是否也會提著籃子在超市買菜？甚至是否會回家為兒子煮個紅燒鯽魚？

彈指芳華，我怕時間太快，怕有一天遇見他，辨不出他曾經的模樣。

在情竇初開的年紀，我遇見過我的少年。

那時候，他的笑容像晨風一樣清新，眼神像天空一樣乾淨。他聰明又英俊，卻不是高高在上的——他是王子，卻有一種來自民間的氣質。他不是路人甲乙丙丁，他是與眾不同的。

當時，那是一份隱忍而克制的感情。我從未試圖靠近他，甚至下意識地遠離他。我會在期待與他遇見的小路上，如願以償地遇見他，卻在被他問候時故意露出無辜而茫然的神情。

當宿舍裡的女生用傾慕的語氣熱烈地討論他時，我裝成最冷漠、最無動於衷的那個人。

我對他客氣而冷淡，將自己偽裝得不能再好。甚至，後來，在他打電話盛情邀約時，我也不動聲色地拒絕。等他掛斷電話後，我再用額頭輕抵著電話，獨自回味這絕望的甜蜜和心酸。

多年後，我將他的故事寫了出來。許多人在替我惋惜：為什麼不告白？為什麼不向前一步？

不，這不是驕傲，也不是欲擒故縱。而是「捨不得」——太喜歡一個人的時候，心是會絕望的。捨不得離他太近，害怕會失望；捨不得去愛他，害怕自己無法給他幸福。捨不得向他告白，害怕一不小心連朋友都做不成；捨不得和他在一起，怎麼能容忍這份熱愛從此趨向平淡；捨不得在人前輕易談論他，那是內心深處不容隨意碰觸的寶藏。

太喜歡一個人的時候，妳會捨不得——捨不得去愛他、捨不得嫁給他；甚至，多看他一眼，都覺得心在隱隱作痛。

那究竟是怎樣的感情呢？

就像兒時偶然獲得珍愛的糖果，因為包裝太美，一直捨不得把它打開，可它卻神不知鬼不覺地融化掉了。

就好像兒時費盡周折得到的一支小小煙花，一直握在手心、藏放在口袋裡，因為找不到可以在哪個盛大的日子點燃它，於是一直它潮濕變質、再也點不著了。

就是這樣的喜歡，這樣的絕望。

這麼多年來，我選擇做個旁觀者。看他戀愛，看他失戀，看他再戀愛，看他再失戀。我看著他，看著這個我捨不得去愛的人在別的女生那裡被恣意傷害。我看著他喜歡的人離開他，理由總是老套：因為他沒有錢、沒有房子。

那時候，我覺得這是不可思議的：怎麼有人忍心傷害他？怎麼有人捨得離開他？甚至，我為此生著那些素未謀面女子的氣——我視若珍寶的少年怎麼可以被妳視若草芥？

後來，我又看著他這個我捨不得嫁的人，和別人結婚了，成為他妻子眼中平凡甚至不甚如意的丈夫。

在過程中，我隱忍著什麼都不說、什麼都不做。我想，他永遠不會知道我的存在。不過，這也不那麼重要。

有天，看到一篇文章〈珍愛在晨風中老去的少年〉後，我才知道，原來每個女生心中，都有一個在時光中漸漸老去的少年。

或許，我們在路上遇到的，每一個步履匆匆的中年、老年男人，每一個被人間煙火歷練得平庸、世俗的男人，都曾是別人用最好年華、最純真感情去珍愛過的花樣少年。

總有一天，我們都會遇到這樣一個別人的少年，他是我們在歷盡滄桑後遇到的那個人。而這個男人已不再年輕，或許還不夠英俊、不夠幽默、不夠有錢。

這個男人，在我們眼中平凡且不甚如意；但是，請善待他。因為，每個我們視若草芥的男人都可能是別人視若珍寶的少年；每個我們恣意傷害的男人都可能是別人傾心愛過的少年。

當妳遇到這個少年，請用最柔軟的心對他——正如當初，那個妳視若珍寶的少年。

讓人不假思索地認同你

我的女同事是個正直善良的女孩，但她因為相貌平凡、左腳有輕微的殘疾而非常自卑。有次，她對我說：「妳不會明白我的痛苦，我長這麼大，從來沒有被一個異性追求過，每個節日都是自己一個人過。從沒收過異性寫的情書，也從沒收過異性送的花，恐怕再也不會有人愛上我了。」

不，她的情況其實沒有那麼糟，我明明記得，她是有過機會的。

比如某段時間，這個女同事乘坐公車上班，總是遇到一個男孩。每天一起經歷同一段路程，慢慢地，那男孩開始和她交流。有天，男孩特地跑到公司樓下，送了她一株水仙。

當時，辦公室的同事知道了這件事，都替她高興，因為大家平時都聽過她「沒有男朋友」、「沒有人追」的抱怨。現在，她的桃花出現了，大家都認為這是個好機會，非常熱烈地鼓勵她，建議她打電話向對方致謝或回饋對方一個小禮物。

然而，這名女同事卻無動於衷，只是很冷淡地說了句：「他並沒有追我啊！」想了想後，又說：「他不是我的菜！」

「妳有遇到過妳的菜嗎？」後來我問她。

「有。」她說，「但是他們都不喜歡我。」

事實上，很多女孩遲遲沒有戀愛的原因，並不是她們自身條件造成的，而是被她們對愛情的態度所侷限。我告訴同事，她的問題在於「總是選擇去喜歡那些不喜歡自己的人，於是，在後來的日子裡對感情太悲觀、消極、被動。」

沒有戀愛經歷的女孩，往往太迷信愛情的感覺。遇到一個男孩，她們會在第一時間就做出判斷：我對他沒感覺、這個人不是我的菜。她們不僅需要一個對的人才能開始，還需要對方很熱烈地追求自己才能開始。這兩項苛刻的前提條件，導致她們從來沒有機會開始。

因為第一印象或某個細節就否定了所有的可能，其實是很武斷的一件事。就像去商場買鞋，我們絕不會看一眼就斷定哪雙鞋該買或哪雙鞋不該買，旁人總會建議我們去試一試。鞋子試得越多，我們才越來越會挑鞋，我們才越來越懂得，哪類鞋子真正適合我們。我們對鞋子的品味和審美感受，也在不斷的嘗試中被建立起來。

愛情也一樣，一個沒談過戀愛的人，是不能輕言誰適合妳或誰不適合妳。因為妳之前對愛情的審美觀，全部來自愛情小說或是來自旁人——要知道，愛情故事與現實體驗間有很大的差距。

小說和電視劇會讓妳誤會：男人要捧九百九十九朵玫瑰窮追猛打或跪在妳面前，才算是在追妳；男人要為妳尋死覓活、拋父棄母才是真的愛妳。

而現實會告訴妳，沒有一個男人是非妳不可、沒有妳就活不下去的，他們往往就是捧一株水仙來投石問路，若妳沒有任何反應，他們馬上就會改弦易轍。

所以，我建議那些總是抱怨沒有男友的姑娘們，在沒有收到九百九十九朵玫瑰前，不妨先接受一株水仙；在遇到白馬王子之前，不妨先試試與青蛙戀愛——妳不去試，就永遠不知道他到底是真的青蛙還是被魔法變成青蛙的王子。

不要害怕吻錯，不要害怕受傷，與終將獲得的幸福相比，這點付出是值得的。

年輕的時候，我們非常期待王子捧著的水晶鞋。也只有在試穿之後，我們才知道，傳說中的水晶鞋其實又硬又笨，根本不適合日常走路。

年輕的時候，我們會不約而同地說：我們的另一半要又高又帥又浪漫。只有在試過之後，我們才會發現愛情其實不是按圖索驥，它應該有一切的可能——我們最終愛上的人或最終能帶給我們幸福的人，往往不是我們一開始想要找的人。

有人說，女人是男人的學校。其實，男人何嘗不是女人的學校——正是在戀愛中，對方教會了我們撒嬌、調情、溫柔和關懷以及如何做一個可愛的女人。

一個從沒有和青蛙戀愛過的女孩，就算真正的王子站在她面前，她很快會有另一種遺憾：我恨自己手足無措，不知如何表現；我恨自己太緊張、羞怯、笨拙和不夠完美。

每一個找到真愛的姑娘在遇到真命天子之前，可能吻過了很多青蛙。因為經歷過了不適合的人，她們才會懂得哪些人是適合自己的；因為經歷過失敗的戀情，她們才懂得如何珍惜和把握自己的緣分。

你得了一種很流行的病

有網友問我：「為什麼會因為太喜歡一個人，而不想與其在一起？」

因為對失去的恐懼感壓倒了對幸福的渴望。因為小時候缺乏被愛和肯定，導致長大後不相信自己、不相信自己能得到愛、不相信自己能長久地留住愛。

你以為自己不夠好，不配得到那麼好的愛。你以為即使對方愛上你，也是因為他不了解你。一旦他了解了真正的你，有一天就會離你而去。你害怕失去，寧願不要開始；害怕傷害，索性連幸福的可能也一起拒絕。

這是一種病，叫愛無能。

你要遇到很愛很愛妳的人，很用力地愛你，很堅定地和你站在一起，要用很長時間你才會慢慢痊癒、才會開始自信、才會開始相信——其實自己是可愛的、是值得被愛的。

我在論壇上隨性地打下這段話，萬萬沒想到，一夜之間，上百名網友表示感同身受——很多人認為自己正是這樣的人。

有網友表示，希望我對此問題做進一步的闡述。我知道他們想問，既然這是種病，那究竟要怎麼治？

事實上，當我們愛上一個人的時候，難免會心生一點自卑，連驕傲如張愛玲這樣的女人，遇到胡蘭成也寫出了這樣謙卑的句子：「見了他，她變得很低很低，低到塵埃裡。但她心裡是歡喜的，從塵埃裡開出花來。」

愛情就是一件會讓對方無限拔高而讓自己低到塵埃裡的事，有時也讓許多人患得患失、欲迎還拒。病情嚴重者，乾脆直接對喜歡的人敬而遠之——喜歡的人不敢上，不喜歡的人看不上，在想愛不能愛的糾結中蹉跎成了單身男女。

我們常在電視裡看到這種拒絕別人的情節：一方不顧另一方苦苦挽留，狠心地說出「我怕我無法給你幸福」而留下絕情離去的背影。其實，他自己心裡已是萬箭穿心，虐得死去活來。

有些人在現實中也如法炮製，誤會有一種愛叫作放手——用「我怕我無法給你幸福」當做拒絕別人高大上的理由。脫口而出的那一刻，你心裡會澎湃某種悲壯偉大的情感：我拒絕你，是為了成全你的幸福。如果有背景音樂，那麼一定是陳曉東唱的「請你一定要比我幸福，才不枉費我狼狽退出……」

不，這根本不算什麼偉大的成全。輕言放棄太簡單容易，選擇去呵護和維持一份感情才是更具有挑戰的一件事——去愛，需要勇氣，需要決心，需要付出，需要責任。拒絕一個自己喜歡的人，不是因為你想對方過得更幸福，只是因為你懶、你輸不起、傷不起，你是一個愛的懦夫。

懦夫的根源是自卑。如果你是王思聰，全微博的九〇後都在喊你「國民老公」，你一定自信心爆棚，不知道自卑兩個字怎麼寫——這世界上只有你不想愛，沒有你不敢愛。

可是你並不是，所以你只能靠自己。放棄和逃避只會讓自己病情更加嚴重，你要正視自己的病根，迎刃而上，正視它、擊潰它。

愛一個人最正確的做法是：因為愛她，我要努力讓自己成為強大的人。覺得配不上她，覺得很自卑，那就去努力，努力讓自己變好，努力讓自己配得上對方——如果身材不好就去健身，沒有內涵就去進修，沒有錢就拼命去賺。

天知道，你會不會努力著努力著，突然某一天發現其實他並沒有你想像中那麼好，其實是他配不上你？不過，那也好過在午夜夢回的時候顧影自憐，意淫自己用心良苦的多情：我情願放棄今生至愛，我真的好偉大……

生而為人，你要勇敢一點。就如Alfred D'Souza神父所說的，「去愛吧！像從來沒有受過傷害一樣；跳舞吧！像沒有人欣賞一樣；唱歌吧！像沒有任何人聆聽一樣；工作吧！像不需要錢一樣；生活吧！像今天是末日一樣」。

若你喜歡一個自以為比你好的人，就去「高攀」吧！因為，這是讓你變得更好的機會。

請扔掉你的遮羞布

我有個閨密長得很漂亮，我覺得她是世上最單純的女生。

她的第一個男朋友，我也熟識，因為他是我小時候的朋友。剛開始，他經常跑來找我們玩。所謂的玩，也不過是三個人從街頭逛到街尾，偶爾吃點路邊攤的烤串之類的。

後來他們在一起了，我們的「三人行」變成了他們的「二人行」。

他唯一的家當就是那輛破單車，在週末，他會載著她去遠一點的地方玩。

她猜不到那裡會有什麼精彩節目，但她的心是甜的。每次約會回來，她的臉上都會洋溢著幸福的光芒。

我們三個人當中，他的家境最差。他第一次跟我借錢，說是要做生意，賣什麼直銷產品，本錢不夠。閨密沒有錢借給他，我便不假思索地跑到銀行把錢取出來給了他。

雖然借給他的錢，他不久後就還給我了，可每過一段時間，他又會因為其他事情向我借錢。

我感覺他總是缺錢，只不過，因為他是我好朋友的男朋友，同時也是我的朋友，我並沒有因此對他印象不好。

後來，我們因工作因素分散到城市的不同地方。

有天，閨密突然跑來找我，說是替她男朋友來借錢，而借錢的理由是：他想買台電視機。

這一回我生氣了，倒不是因為錢，而是覺得他很過分：

第一，大家都工作了，怎麼連幾千塊錢都沒有呢？

第二，電視機又不是生活必需品，我也沒有買電視機呢！

第三，跟我借錢你得親自來，我們又不是不熟。那麼，你讓女朋友來借錢是什麼意思？

所以，我非常直接地拒絕了，並請閨密轉告他：「你有什麼需要花錢的地方，錢不夠時，我會借給你的。但是，我絕對不會借錢給一個讓自己的女朋友出來借錢的男人，還只是因為自己想買電視機的男人。」

可她真的很愛她的男朋友，當時不惜為了這件事跟我耍了好久的嘴皮子。

我的倔脾氣上來了，死活就是不肯答應。這導致那天我們不歡而散。

兩年後，他們分手了。看著閨密傷心的樣子，我沒有問她和男朋友分手的原因。倒是有一天我遇見她的男朋友時，他向我暗示了分手的原因：女方家裡嫌棄他家境貧寒。

可是，我在其他同學那裡聽到了另一個版本：他劈腿了。

前一陣子，我在網路上看到一篇文章，大意是：我女朋友從十八歲就跟我在一起了，我們談了七年戀愛，現在她居然因為我沒有房子而離開。

我沒有去回答這個問題，是因為我發現「群眾的眼睛是雪亮的」——大家都沒有被他的言辭誤導而去指責他的女朋友。

有時候，窮已經變成某些壞男人的萬能遮羞布了——只要有人拒絕他或者女朋友和他分手，他不會反思自己哪裡不夠好，反而會簡單粗暴地將原因歸咎於自己工資低、沒房子。他會認為，全世界的女生都拜金，唯利是圖。

這話說得好像以前你們一個個都是富二代，只是因為家道中落，女朋友才和你分手似的。你以前還不是一樣沒錢嗎？

然而，那個曾經坐在你的單車後面的姑娘，曾經和你吃路邊攤的姑娘，曾經和你一起借錢挨苦日子，把最好的青春付給你的姑娘，她為什麼沒有陪你到最後？是因為她變得現實了，越來越現實了嗎？

其實，大多數女生沒有那些壞男人想像中那麼庸俗，畢竟每個女孩子最初都有同樣的夢想：和喜歡的人在一起，只要有很多很多愛，不在乎有沒有很多錢。

如果有一天，她離開了你的單車，也許不是因為她變得現實了，而是你讓她哭了。因為她發現，即使她心甘情願地坐在你的單車後面，也得不到你的多少愛——與其坐在單車上哭，不如坐在寶馬裡笑。

所以，你就想，我那個閨密後來找了個有錢人嫁了嗎？

不，她仍然找了個與她的初戀一樣窮的男人，不顧家人的反對嫁給了他；不過，他是個有擔當、沉默而努力的好男人，現在他們的生活過得越來越好了。

感謝那個曾經義無反顧地坐在單車後面的姑娘吧！若你真正愛過她，即使她後來離開了你，此後的人生，請祝福她吧！

圈套雖好，濫用也有害

很多女孩子喜歡研究星座，或學習某些情感專家的「戀愛大法」。因為她們相信：針對不同星座的男人需要採取不同的情感策略，學點「戀愛秘笈」有助於讓自己在戀愛中處於不敗之地。

有時候，技巧和圈套的確管用，它會讓別人因為誤會而喜歡上你。

在初期階段，妳借用不屬於自己的方式，去營造出一種幻象，這種幻象有利於讓妳獲得露水情緣，卻不太禁得起時間的考驗——因為對方喜歡的很可能只是圈套，而不是真正的妳。

然而，在長期的相處過程中，技巧和圈套並不那麼重要，妳可以把它當做一種調味料，取得錦上添花的效果。但如果把它當作主食，就會誤入歧途。

長期穩定的相處，考驗的是兩人的三觀以及生活習慣上的契合度。例如，兩個人因為金錢往來、人際關係、為人處事等產生重大分歧或矛盾，那將不是用哪種「星座指南」或「戀愛秘笈」就能化解的。

網路上有人問我：「該怎樣與男朋友相處才能讓他越來越愛自己？」

我想說，在這種事上，臨時抱佛腳沒什麼用。因為愛情絕不會因為妳從別人那裡獲得某項建議，比如說什麼話、買什麼禮物等，就可以一勞永逸。其重點在於，他本來就很適合妳：你們性格互補、志趣相投、觀念一致。

妳喜歡的是真實的他，不會在某天早晨醒來，突然覺得他不上進，就開始催他去考公務員。他喜歡的是真實的妳，不會在某天早晨醒來，突然覺得妳怎麼只會聊韓劇，或者看膩了妳的妝容而開始嫌棄妳。

在感情裡，選對人遠比用什麼方式與對方相處更重要。

前一段時間，我看到一個男生在抱怨他的女朋友什麼都不懂，人又無趣。因為他平時喜歡文學、健身、玩遊戲，而女朋友只喜歡看韓劇。

我想問問那個男生：你一開始在幹嘛？你的女朋友又不是跟你在一起時才什麼都不懂的，還不是你一開始「精蟲上腦」，只考慮對方漂亮，而完全忽略了其他問題，才會在日後產生你說的那些問題。

所以說，問題並不在於他的女朋友身上。

這個世界上，無論你懂什麼、喜歡什麼、有怎樣高尚或低俗的興趣，都會有人覺得你無聊，也都會有人覺得你有趣。

也許在他的女朋友眼裡，也同樣覺得他很無趣，或許還嫌他不喜歡看韓劇，不懂得怎麼和她聊韓星呢！如果她找的是一個同樣迷韓劇的男朋友，他可能會覺得她不要太有趣才好呢！

你說，為了讓他們更好地相處，到底是該讓女朋友遷就他去喜歡文學、健身、玩遊戲？還是讓他遷就女朋友去喜歡韓劇？

我想說的是：如果一個男人覺得雙方有共同語言是一件很重要的事，為什麼不在一開始就認真地找一個和自己有共同語言的女朋友呢？

現在的情況是：不管讓誰去改變自己的喜好或去遷就誰，都是一件難度非常大且讓自己非常不舒服的事。更何況，志趣不合，也只不過是他們在相處中遇到的第一個矛盾而已，後面一定還會有更大的分歧。

所以，兩個人能不能相處得越來越舒服、越來越有默契、越來越相愛，重點在於：讓羊儘量找到羊，讓狼儘量找到狼。也就是說，要讓喜歡健身的在一起，讓喜歡看韓劇的一起。這樣，雙方就能夠最大限度地欣賞彼此和理解對方。

可是，有時候狼會愛上羊，於是用圈套將自己也偽裝成羊；或者，羊為了得到狼的愛，用套路將自己偽裝成狼。

這都是悲劇的開始。因為狼可以為了短暫的激情取悅羊，暫時將自己偽裝成吃素的；羊也可以為了短暫的激情取悅狼，暫時勉強自己吃葷。

可是，當雙方的真實性情浮出水面，有人不想再演，有人懶得再演，而圈套就用不著了。

兩個不同種類的人在一起，一開始已經注定分歧。如果再將兩個人的未來寄託於自己能為對方改變本性或者對方願意為自己改變本性，那就大錯特錯了。

當你想以長期相處為目的，就不要過分地偽裝自己，不要去做扭曲本性的改變——真正適合你的人，不要你去學習太多的戀愛技巧來取悅他。你是怎樣的人，就讓對方看到怎樣的你。

「多一點真心，少一點圈套」，只是為了避免狼愛上羊或是羊愛上狼的悲劇上演。

拒絕溝通，你只能淪為試吃品

某天，一位女網友跟我講了她的故事：

她是在一次聚會中認識他的，雙方對彼此的印象都好，於是一直保持著電話聯繫。起初，他也不是不熱情，只是有一次出去玩，他想要跟她發生關係，她沒有同意，然後他對她就開始冷淡了。

她打電話給他，他不接；傳簡訊給他，他也愛理不理。後來，追問之下，他說他忘不了前女友。可是，她約他出來，他還是會出現。

她很喜歡他，還想和他繼續下去，但不知道該怎麼辦。最後，她問我：「你說他到底是怎麼想的？我主動追他會成功嗎？一開始不喜歡我的人，後面會慢慢改觀嗎？」

妳問我妳會不會成功，妳是在把我當算命先生嗎？

我不知道妳說的追男成功的標準是什麼，所以不太好回答妳的問題。不過，我一向不主張女追男。這是因為男人太好追了，他們是下半身動物，以致於妳無法判斷他與妳在一起的誠意——到底是喜歡妳，還是喜歡睡妳。

這就好像超市裡的試吃食品。

有時候，去超市裡購物，當促銷員遞給我一份我明明不喜歡的餅乾、蛋糕，我也會接過來。一方面因為這是免費的，試吃一下又沒有任何損失；另一方面，這是出於禮貌，說白了，就是不好意思拒絕人家。

女生遇到不喜歡的男生追求她，通常會果斷拒絕。可是，一個姿色尚可的女生去倒追一個男生，對那男生而言，就好像超市促銷員在殷勤地遞給你試吃品，即使你不是真心想要，卻會因為「盛情難卻」而不去拒絕。

這是因為，大家的思維根本不在一個頻道裡，你想要的是愛情，而他想要的是情欲。於是，就產生了一個巨大的誤會：妳以為他一開始沒有拒絕妳，妳一約，他就出來，甚至還有各種回饋表現，這樣就是接受了妳。

可是，我們在超市裡品嚐試吃品的時候，當促銷員問妳好不好吃時，我們往往會說好吃。再送給妳一份，妳也會要，但就是不會買。

而妳，因為這個美麗的誤會，源源不斷地給對方供應試吃品，直到對方徹底膩了。所以，當妳開始苦苦追問對方為什麼分手時，卻遭到對方反問：「我們愛過嗎？」這多麼尷尬。

有些女生不是不明白這個道理，只是過分高估了自己：我願意這樣委曲求全、堅持奉獻，總有一天，他必會被我的誠意打動吧！

努力追求和付出是不會感動一個不愛妳的男人的，那不過是一種情感上的強買強賣。世界上有哪種試吃食品，是以「永遠免費」來打動人心的？

不過想想，也許還是會有的。比如，那個人資質太差，買不起正品，從此沒再遇到更好的試吃品，你們兩個就可以在他的將就裡「天長地久」了。

如果他是個男神級的人，妳鍥而不捨地奉獻出自己的深情，他會高興和感動嗎？其實，就像佛吉尼亞•伍爾芙說的：「出來找樂子的男人，碰到用情太深的女人，猶如釣魚釣到白鯨」。

有些喜歡鑽牛角尖的癡情女，對於她深深愛著的男生，追著追著，到後來無計可施，就會祭出超級大招：死纏爛打、尋死覓活。

對那個男人來說，他根本不會感動，這會更加讓他感到可怕：他覺得太倒楣了，怎麼在淺海也會釣到白鯨呢？更嚴重的是，搞不好他還會被妳拖入水底，窒息而死！

有時候，那些淪為眾矢之的的負心漢，其實也挺可憐的：他們被迫接受一份他們無福消受的愛情試吃品，不收還不行，因為怕被人說是渣男。

我知道我這麼說也阻止不了某些人「奮不顧身的愛情」，因為他們「只在乎曾經擁有，不在乎天長地久」。所以，如果那個人對你來說真的可遇不可求，我只有一個忠告：不要讓自己淪為「白鯨」。

別再斤斤計較地做人

有天，我約一位女生朋友吃飯，告訴她，我還約了另一位朋友，而這位朋友她也認識。他人特好，每次請我吃飯，都會非常有誠意地多說一句：「妳有沒有同事或朋友想來，我今天可以一起請吃飯。」

所以，我帶她去白吃了好幾次飯。

結果，這次她卻表現得很吃驚：「妳為什麼要請他？」

我不明白她為什麼會這麼吃驚，便解釋說：「現在他在外面談生意，那地方離我公司很近，所以我就約了，而他和妳一樣喜歡吃烤肉。」

我覺得這件事很簡單又理所當然，她卻不能理解地追問：「那妳為什麼要買單？」

我有些不開心地說：「沒有為什麼，就是吃飯而已，我請妳吃飯也沒有為什麼。」

我這個女生朋友讀過很多書，月收入近五萬，可是在她的觀念裡，如果沒有特殊原因，女人是不能為男人買單的。

和她一起來往的這些年，她跟著我吃免錢飯的次數不計其數，而她也一直羨慕我有一些既大方又樂意買單的朋友。

後來，有一回我無意看了她的交友群組，發現不知道什麼時候，她默默加了我的朋友到她的好友裡。她可能以為，這樣以後就會有人替她買單吧。

我覺得她誤會了。之所以有人願意為我買單的最重要的原因，並不是我認識了多麼有錢、大方的朋友，而是我也一直在為朋友買單。

為什麼有些人無法和異性保持友誼，最重要的原因是金錢上的不平等。比如，有些女人認為和朋友一起出來吃飯、娛樂，如果朋友裡有男士，消費後男士付錢是天經地義。

其實，這不是在交朋友，而是在找冤大頭。誰請妳吃飯都不是天經地義的，不管對方是不是男性、有沒有錢。沒有人喜歡被當做冤大頭，當然，想讓妳肉償的另當別論。

就拿我自己來說吧！我爸以前在一家超市當經理，有一次，一群同學過來買東西，我給他們全部買單了。有些同學比較客氣想要付錢，這時，另一位同學阻攔他們，說：「不用付啦！反正西西的爸爸能報銷。」

我聽了以後有點不高興。我已經損失了利益，還被當成天經地義，連一點誠意都沒有。而對那些稍微表示想要付錢的同學，我會更願意再請他們，因為我覺得他們能體恤我並願意感謝我的付出。

在被請客這件事上，我有一個朋友做得特別好。每次，不管我請他吃什麼，去吃大餐還是路邊攤，他都會表現得很高興。吃完了，他都會非常鄭重地感謝我：「謝謝妳，今天吃得很開心，下次就由我來請吧！」

這樣的人，會讓別人樂意請他吃飯。

所以，我也會在別人請我吃飯後，鄭重表示：「謝謝你請我吃飯，下次就由我來請吧！」

其實，這無關金錢，只是對對方付出的一種肯定，是在表達這樣的意思：我之所以來吃飯，不是為吃飯而來，而是為你而來。

有人會說，可是我的朋友比我有錢，我跟不上他的消費水準——我若像他請我吃飯那樣回請他，我會破產的。

但是，你並不一定非要請他吃那麼貴的飯，你在自己的能力範圍內有所表示和付出，你的朋友就會感覺到尊重也就會很高興。

我認識一位朋友，那時候他因為開餐廳失敗了，損失了很多錢，同時，他還失戀了。我記得我們最後一次見面，我約他去玩投籃機，他帶我去某條小巷子吃小吃，我們當時輪流買單。

這事已經過去幾年了。現在，我從朋友圈的狀態看得出，他混得不錯——開了好幾間餐廳和咖啡店。

其實我沒有幫過他什麼，但他對我說：「妳是我永遠的VIP，我的餐廳永遠對妳免費。」

我知道，我願意去白吃飯的話，他一定會兌現這個諾言。所以，過去這麼久了，我一直沒去過他新開的那些餐廳。

這是因為，對我而言，能擁有一個這樣信任我的朋友比擁有一家永遠對我免費的餐廳重要得多——我寧願消耗我的錢財，也不願消耗別人的信任和友情。然後，這傢伙偶爾會在我的微信中冒出來，打賞一筆錢後，再默默地溜走。

前幾天，一位女生朋友表示自己遇到的男人太小氣了，不肯為她買單。

她問我：「要怎樣才能花到男人的錢？」

我的答案是：「當男人相信，妳並不是為了他的錢而來的時候。」

這像是在違背常理啊！可現實就是這個樣子。

所以，不管你想不想花別人的錢，你都要努力賺錢，你得自己有錢。你要把別人替自己買單這件事當作錦上添花，而不是雪中送炭——因為越是想要花別人的錢就越不容易花到別人的錢。

你需要的不是物質而是自由

我只有兩三個包包，以大小和功能分類，目前最常用到的是一個尼龍包：它的優點在於容量夠大、夠輕、夠牢固，可以滿足我所有的需求。

因為平時動輒就要用包包裝書，尋常的包禁不起這種折騰。我以往用的包包帶子，經常會因為負重過重而斷掉。

對我來說，這個包的設計合適極了，可以從六個方向承重。還因為它非常便宜，我背著它去圖書館，可以隨意將它扔在地上。有時候會踢掉涼鞋，踏在包上去拿書架上層的書。

然而，依照一些微信作者的觀點，用便宜包包這事，顯然證明了我自己也很「便宜」：因為用的是便宜包包，我肯定不夠愛自己。

她們說，每一個有智慧、有品味的女人，理所當然要買最好、最貴的東西；每個女人都要做自己的女王，因為妳夠好，所以配得上一切。

每次看到這些人不約而同地輸出這樣的價值觀，我都覺得她們說得好有道理。若不是我頑固不化，我也會忍不住懷疑：我是不是在虐待自己？

我現在幾乎不逛街，買衣服會到固定網路商店去選購，而且只買簡潔的單色基本款，不用考慮搭配問題。

我現在也極少化妝，只做清潔、保濕、護膚和防曬，頭髮也保持自然狀態。

有一次開會，為一個品牌鞋款想行銷方案，主管突然問我：「妳平時穿什麼牌子的鞋？」

我不假思索地回答：「我穿『沒牌子』（其實，自己穿的鞋也不是沒牌子，只是我沒去認真看）的鞋。」

我過著極簡的生活，主要是為了省時，同時也能省錢，所以，我好像「虧待」了自己。

某個階段，我也愛買包包、買衣服，還向閨密灌輸過這樣的理論：一個女人，每一季要用五個以上的包包，因為要去不同的場合，得搭配不同的衣服……

結果，閨密從此踏上買包的不歸路。現在她家衣櫃深處埋藏著六十個以上各種顏色、形狀的包包。

有一天，我打開衣櫃，看著爆滿得快要蹦跳出來的衣物，突然之間感覺無比厭倦。很多衣服買回來後，我連吊牌都沒有拿下來，它們不僅浪費了我的錢，還讓我在選購過程、考慮搭配、整理衣櫃時耗費了大量時間。

我問自己：我為什麼需要這些東西？難道，就是為了自我感覺良好，為了尋一個開心？

當然，如果花錢能讓自己一直很開心也是值得的。只是，透過物質滿足自己，是一個效果遞減的過程。

第一次給自己買一個喜歡的包，你會很高興；第二次、第三次再買，這種行為能帶給你的快樂感受會越來越弱，你慢慢也就習慣了。如果你想要維持這種快樂狀態，就還要買車、買房、買別墅……

一個人的欲望是無窮的，通過買東西來滿足自己，不能令自己永遠快樂，而只會變得越來越難以滿足、越來越難以快樂。

當我領悟到這一點，我果斷地來了個一百八十度大轉彎。我認為，一個人想要獲得真正的快樂，不是永無止境地滿足自己，而是在一定程度上捨棄欲望和對物質的追求。

當我不再需要那麼貴的包包、不再需要那麼多的衣服的時候，我對賺錢這件事就沒有那麼多焦慮和迫切需求了——我不需要為了錢委屈自己，我不需要為了錢勉強自己做不喜歡的事或去迎合不喜歡的人。

我可以結交新朋友，而不發展人脈；我可以選擇做相對低薪卻是我真正喜歡的工作；我可以選擇用自己喜歡的方式去努力做不賺錢的事情，比如，在微信裡亂寫。總之，我可以任性。

有一次，我在網路上發表了一篇文章，有位編輯聯繫我，表示願意採用這篇文章，但要求我把網路上的內容先刪除掉。

我說：「我好不容易才得到過千的點讚，我可捨不得刪。」

他說：「可是，我們會支付妳很高的稿費，妳發在那裡又賺不到錢。」

我說：「但我不缺錢。」

難得我這輩子有機會可以說這種任性的臺詞，恍然間有股錯覺，覺得自己非常高大上。

我缺錢嗎？當然缺。就因為我既缺錢又缺時間，才需要選擇捨棄一些世俗認為好的東西，去擁抱自己內心真正覺得好的事情，並用自己喜歡的方式賺錢。

如果我是富二代的話，我根本不用考慮這麼多，完全可以魚和熊掌兼得。然而，對我而言，有些捨棄是值得的，因為我相信：這個世界上比包包更貴的，是心的自由。

結語

做個內心強大的人

一、多讀書

在廣泛而有深度的閱讀裡，你將建立穩定的三觀。穩定的三觀是你內心強大的基礎，當你在閱讀中慢慢認識自己和世界，你就會總結出一套真正屬於自己的人生理念——你知道自己想要什麼，你知道怎樣做自己會最舒服也對自己最有益。這樣，你就不容易被人左右，不會今天看了一篇文章覺得好有道理，就決定這樣做；明天聽別人那樣說，又覺得很有道理，然後又開始那樣做。結果，你因為搖擺不定、太輕易相信別人，反而容易被別人牽著鼻子走。

其實很多看似正確的道理，未必真正適合你。而你太在乎別人的原因，就是不敢相信自己，誤以為別人才是對的。

當然，還有一種內心強大叫「無知者無畏」，但那往往是因為我們獲得了一定的見識、學會了一定的技能，才能對世界無所畏懼。

二、有能力

除了思想獨立，經濟獨立和生活獨立也是成為一個內心強大的人之基礎。一個處處倚仗別人的人，會沒有安全感，所以永遠談不上內心強大。

如果你經濟獨立，生活也獨立，你就會擁有安全感、擁有足夠的信心。你的世界裡就算少了誰，你也相信自己能過得很好，這就是內心強大。

相反，有些人經濟不獨立、生活不獨立，因而變得沒有安全感，誰也不敢得罪。所以，每種關係他都要盡力去經營，覺得有天誰都有可能幫上他的忙。

只是，你要知道，你自己沒有能力，無法幫到別人，別人又怎麼會願意幫你的忙。

三、有理想

有了理想，你就會篤定信念，就不會輕易偏離固定的軌道。

當理想明確，你就不容易迷失，也不會再東張西望。你知道什麼是重要、什麼是不重要，會因此看淡很多事。因為你知道，除了理想外，其他的都是浮雲。

所以，當你有了明確的目標，你就會時時提醒自己需要做什麼，而不會在無謂的事情上浪費時間。如果你的目標是山頂，你就不會糾纏於路上的花花草草。

四、無欲則剛

人因有欲望而變得患得患失，但你要儘量做到：別渴望佔有太多東西，該捨棄的要捨棄。

你想成為受歡迎的人，總是害怕說錯話、做錯事，擔心會讓別人不高興。你害怕孤獨，所以連一些你明明不喜歡的朋友，你也不敢失去……

對內心強大的人來說，世上沒有什麼東西是一定要擁有的，也沒有什麼朋友是不能失去的。

一個人在什麼時候最脆弱？除了在生病、受挫時，就是愛上一個人的時候。

當你愛上一個人，你就會有想得到、佔有他（她）的欲望，會被他（她）所左右，從而失去自己。

但愛是弱點，不是盔甲，你在乎得越多，你受的束縛就越多。

國家圖書館出版品預行編目(CIP)資料

你只是不會表達/ 魯西西著. -- 初版. --臺北市 : 力得文化, 2018.03　面；　公分. --（強心臟 ; 2）ISBN 978-986-93664-5-8（平裝）

1. 溝通技巧　2. 說話藝術

177.1　　107002507

強心臟 002

你只是不會表達

初　　版　2018年3月
定　　價　新台幣299元

作　　者　魯西西
出　　版　力得文化
發 行 人　周瑞德
電　　話　886-2-2351-2007
傳　　真　886-2-2351-0887
地　　址　100 台北市中正區福州街1號10樓之2
E-mail　best.books.service@gmail.com
官　　網　www.bestbookstw.com
執行總監　齊心瑀
行銷經理　楊景輝
執行編輯　王韻涵
封面構成　盧穎作
內頁構成　華漢電腦排版有限公司
印　　製　大亞彩色印刷製版股份有限公司

港澳地區總經銷　泛華發行代理有限公司
地　　址　香港新界將軍澳工業邨駿昌街7號2樓
電　　話　852-2798-2323
傳　　真　852-2796-5471